Sevim Çelik-Lorenzen

Guten Morgen, Güzelim!
Geschichten vom Ankommen

Sevim Çelik-Lorenzen

Guten Morgen, Güzelim!
Geschichten vom Ankommen

 Dağyeli

Bildnachweis:
Titelbild, S. 100: Stadtarchiv München
S. 42: Güner Yüreklik
S. 49, 62: FHXB Friedrichshain-Kreuzberg-Museum
S. 74: Günter Zint
S. 83,85, 103: Sammlung Robin Zirn, Eisenbahnstiftung Joachim Schmidt
S. 115 Autorinporträt: Fatih Doğaner
Sämtliche anderen Abbildungen entstammen Privatarchiven.

Erste Auflage 2022
© Dağyeli Verlag Berlin
© Sevim Çelik-Lorenzen
  www.dagyeli.com

Redaktion und Gestaltung: Mario Pschera
Gesetzt aus der Ionic No 5 und der Gill Sans Nova
Druck: Scandinavian Book
Printed in EU
ISBN 978-3-935597-65-4

Dieses Buch widme ich meiner Mutter,
die kein leichtes Leben hatte.

Danksagung

an meine Familie, an die Frauen, die mir ihre Lebenswege erzählt haben; an die Frauen und Männer, die mir ihre Fotografien anvertraut haben, und Ursula Lebus. Mein ganz besonderer Dank gilt dem Dağyeli Verlag.

Hamburg
im Januar 2021

Warum schreibe ich über diese wunderbaren Frauen?

Als junges Mädchen bekam ich 1977 von meiner Freundin, die als Dissidentin aus der DDR ausgebürgert worden war, das Buch von Maxie Wander: »Guten Morgen, du Schöne«. Maxi Wander hatte in den siebziger Jahren Frauen in der DDR nach ihren Lebensträumen, Lebensvorstellungen befragt. Ihre Gespräche hatte sie als Protokolle in einem schmalen Band veröffentlicht. Dieses Buch erregte bei den Lesern in der DDR, aber auch in der Bundesrepublik große Aufmerksamkeit. Es löste Diskussionen über die Rolle der Frau in der Gesellschaft in Deutschland – Ost und West – aus. Am Deutschen Theater in Ostberlin wurden die Texte von populären Schauspielerinnen gelesen. Das Publikum war fasziniert von der Lebendigkeit und Authentizität. Lange waren sämtliche Vorstellung im DT ausverkauft. Die Berichte dieser mitten im Leben stehenden Frauen beeindruckten mich sehr. Sie regten die Leserinnen an, über das eigene Sein nachzudenken, sich Fragen zu stellen und Antworten zu finden. Ich fand schon damals, dass auch die Frauen aus der Türkei ähnliche Geschichten erzählen könnten. Nach vierundvierzig Jahren war es für mich an der Zeit, darüber zu schreiben. Die erste Generation türkischstämmiger Frauen in Deutschland ist mittlerweile über siebzig oder achtzig Jahre alt. Viele sind in die Türkei zurückgekehrt, einige bereits verstorben. Viele leben allein oder in Seniorenheimen. Sie haben unterschiedliche Leben gelebt: erfüllte, glückliche, gelungene. Die Bandbreite ist groß, ihre Geschichten sind spannend. Bei meinen Recherchen fragte ich mir nahe stehende Freundinnen: »Wie bist du nach Deutschland gekommen?« Diese Frauen waren um die vierzig und zumeist in Hamburg geboren. Manche schauten mich an und sagten: »Ich weiß gar nicht, wie meine Mutter nach Deutschland gekommen ist. Ich werde sie heute noch danach fragen.« »Frag doch auch mal meine Mutter«, rieten mir andere. So entschloss ich mich, tatsächlich mit den Müttern meiner Freundinnen darüber zu sprechen, wie sie den ersten Tag oder die ersten Tage in Hamburg oder Deutschland in Erinnerung haben. Auffällig für mich war zunächst, dass viele nie darüber gesprochen hatten. Einige wollten und konnten mit mir nicht über dieses Ereignis sprechen. Für sie war diese Entscheidung mit Leid, Verlust und Trauer verbunden. Auch andere Frauen der ersten Generation sprachen mit mir. Ich erfuhr Geschichten, über die wir gemeinsam lachten konnten, aber auch geweint haben. Es waren schöne und berührende Begegnungen. Selbst meine Kinder waren an meinem ersten Tag in Deutschland sehr interessiert.

Damals begannen fast alle als Arbeiterinnen. Im Laufe der Jahre qualifizierten sie sich, oft gegen erhebliche Widerstände. Sie vollbrachten in ihren Berufen große Leistungen. Das war in der Gesellschaft nicht vorgesehen und zudem mit Kämpfen und Auseinandersetzungen innerhalb der Familien verbunden – in denen die festen kurdischen, deutschen und türkischen Rollenmuster durchbrochen wurden. Oft begann dieser Prozess schon in der Türkei, einige hatten dort bereits eine Ausbildung erhalten. Hier in Deutschland konnten sie mit ihrer Qualifikation kaum etwas anfangen. Sie fingen mit schlecht bezahlter Arbeit an, unter schlechten Arbeitsbedingungen. Sie verrichteten Arbeiten, die sie geistig und körperlich lahm legten. Manchmal hatten sie deutsche Freundinnen, die sie mit Leib und Seele unterstützten und an die Kraft dieser Frauen glaubten. Sie mussten hart dafür kämpfen, um die zu werden, die sie heute sind, mussten äußere und innere Barrieren überwinden, manche wurden dabei von ihren Männern unterstützt. Eine Frau muss noch immer mehr Kraft und Energie als ein Mann aufbringen, um das Ziel zu erreichen, das sie bewegt und vorantreibt.

Die meisten Frauen, die ich befragt habe, kamen nicht gleich nach Hamburg, sondern lebten lange in anderen deutschen Städten. Sie kennen den Ruhrpott, Berlin, München, Nürnberg. Diese Frauen hatten schon eine lange Reise hinter sich, bevor ich sie kennen und lieben gelernt habe. Fast keine diese Frauen wusste, was auf sie zukommen würde. Wenn sie die eine Chance bekamen oder auch nur erahnten, packten sie die Gelegenheit am Schopf. Sie riskierten viel und waren oft auf sich allein gestellt. Sie bewiesen Mut, weil sie ihre Vorstellung von sich und der Welt ernst nahmen. Für ihre Träume machten sie sich stark, ohne zu wissen, ob sie sich erfüllen würden.

Zuerst versuchte ich, mich selber an meinen ersten Tag in Deutschland zu erinnern. Wie fühlte es sich für mich an? Dann erst wollte ich die anderen Frauen nach ihrer Auswanderung befragen. Wurden sie wie ich als Kind an die Hand genommen, oder kamen sie als junge Frauen?

Ich stellte nur zwei Fragen. Wie bist du aus der Türkei ausgewandert und wie war es dann in Deutschland für dich? Es war berührend, mit diesen wunderbaren Frauen, die ich in meinem privatem Umfeld kennengelernt habe, darüber zu sprechen. Ich bedanke mich bei ihnen allen. Die Namen aller Frauen in diesem Buch habe ich anonymisiert.

İstanbul
Eine Kindheit in den 1960ern

Als Kind in Istanbul sah ich nie den Bosporus. Lediglich einmal, als ich bei den Großeltern mütterlicherseits war. Die Häuser in deren Viertel waren aus weißem Holz, großzügig gebaut, mit viel Raum und Licht.

Wir wohnten im Armenviertel unterhalb von Şişli, das wie ein Amphitheater aussah. Es dauerte, nach oben in die Stadt zu kommen. Wir Kinder liefen fast nie dorthin. Zu anstrengend. Außerdem hatten wir Angst, da oben verloren zu gehen. In unserem Viertel fühlten wir uns sicherer. Es hieß, die Nachbarn, die etwas abseits wohnten, seien Griechen, aber ich fand sie ganz normal. Meine jungen Tanten gingen nach oben auf den Markt. Zurück kamen sie mit den jungen Lastenträgern, die sich freuten, den Mädchen dienen zu dürfen. Meine Tanten luden den Burschen so viel auf, dass meine Mutter mit ihnen schimpfte, »das sind doch keine Esel«, während die Träger ihre großen Körbe abstellten, das Geld nahmen und allen Gesundheit wünschten.

In unserem Viertel sah es aus wie auf den Bildern von Salgado, dem brasilianischen Fotografen, der die Armen dieser Welt, ihr Leben fotografiert hat. Ein Krater, als hätte ihn eine Bombe verursacht. Dort lebten arme Menschen, die begannen, sich Häuser zu bauen. Die Grundstücke waren 1958 noch günstig zu kaufen, aber ohne Wasser und Strom. Im Krater war es dunkel, weil kein Tageslicht nach unten drang. Für uns Kinder war das erst mal kein Problem. Wir spielten in den halbfertigen Häusern, deren Besitzern zwischenzeitlich das Geld ausgegangen war. Wir lebten unbekümmert auf Straßen, die nicht asphaltiert waren und auf denen es fast keine Autos gab. Außerhalb unseres Viertels waren die Häuser anders, viel größer. Die Menschen, die darin wohnten, waren so ganz anders. Du gehst in ein anderes Viertel, und plötzlich begegnest du Gesichtern in anderen Farben, anderen Kleidern. Mich hatte das sehr verunsichert.

Einmal kam die Rede darauf, wie mein Großvater auf den Landverkäufer schimpfte:»So ein Halunke und Hundesohn, er hat uns das schlechteste Grundstück verkauft!« Das Grundstück war mit Stangen abgesteckt, und mein Großvater erzählte, dass er sich immer gewundert hätte, weil er jeden Tag das Gefühl hatte, dass sein Grundstück schrumpfen würde. Bis er eines Tages merkte, dass da jemand sein Grundstück verkleinerte, indem er die Grenzstangen versetzte. Oh, da gab es viele böse Worte und Drohungen. Bei so etwas waren meine Leute sehr empfindlich. Grenzverletzungen wurden nicht hingenommen.

In den Häuser der Nachbarn roch es gut, alle Türen waren offen, irgend jemand saß immer vor der Tür und unterhielt sich mit seinen Nachbarn. Die Gemeinschaft hielt zusammen und borgte einander Geld, man half sich und versuchte durchzukommen. Wenn jemand ein Transistorradio besaß und spannende Fußballspiele liefen, dann kamen schon mal an die zwanzig Leute zusammen. Unsere Nachbarn hatten fast alle Kinder in unserem Alter. Auch denen waren wir willkommen, wir küssten die Hände der Erwachsenen und spielten bei ihnen im Garten. Manche Frauen versuchten, ein wenig Grün in ihre Gärten zu bringen. Im Lauf der Jahre wuchs sogar etwas, Weintrauben, Feigen und vieles mehr. Unter den Nachbarn gab es viele arme Menschen wie uns. Wir hielten guten Kontakt zu ihnen. Die Frauen übernahmen die Kommunikation, sie halfen sich gegenseitig und kochten zusammen. So hatte ich viele vertraute Frauen um mich.

Wasser war kostbar, und die Frauen schleppten es aus dem Brunnen am Platz heran. Er wurde oft ihr Treffpunkt. Stundenlang unterhielten sie sich dort, und wenn eine Frau im Haus vermisst wurde, hieß es immer, bestimmt ist sie Wasser holen. Ich wunderte mich, warum die Frauen ständig nasse Kleider hatten. Beim Wasserholen schwappte das Wasser aus den Eimern, die die Frauen rechts und links an einer Stange trugen. Der Regen weichte die unasphaltierten Wege auf und machte sie rutschig, dann hatten die Frauen doppelte Mühe, die schweren Eimer zu balancieren.

Meine Mutter hatte eine Freundin, die ihr regelmäßig erzählte, was bei ihr zu Hause gerade los war. »Stell dir vor«, sagte die Freundin, »was für ein Theater jeden Tag. Mein Mann kommt nach Hause, macht die Tür auf, und seine Mutter rennt zu ihm und beklagt sich über mich, ich hätte ihr nichts zu essen gemacht und dazu die alte Frau geschlagen. Ja, Mama, sagt mein Mann, du hast recht, ich muss sie wieder mal bestrafen. Ja, mein Sohn mach das. Er ruft mich zu sich, seine Mutter verlässt den Flur. Dann tut er so, als würde er mich schlagen, ich schreie und bitte um Vergebung und er sagt ganz laut, weil sie etwas schwerhörig ist: Du schlägst meine Mutter nicht, sonst schicke ich dich wieder zu deinen Eltern. Ich darauf: nein, ich werde sie nicht anrühren. Dabei liegen wir uns im Flur in den Armen und müssen lachen. Mein Mann meint nur, das sei so am besten. Danach ist seine Mutter ganz glücklich, und ich tue so, als wäre ich verprügelt und unglücklich.« Meine Mutter sagte nur, »Gül, das bleibt unter uns Frauen«, dann lachten wir gemeinsam.

Bei Regen stiegen vor fast allen Häusern der Schlamm und das Wasser meterhoch. Wir Kinder spielten ausgiebig im Schlamm und buddelten Wege und Kanäle. Vor unserem Haus war der Schlamm Dauergast, denn es war genau dort gebaut, wo bei Regen – und es regnete in Istanbul oft und wie aus Kannen – der Schlamm hochstieg. Dann versuchten wir das Wasser zu kanalisieren und umzuleiten und kleine Mauern zu errichten. Das Material besorgten wir uns auf den Baustellen rings um uns herum. Dicke Metallstäbe, die vor sich hin rosteten, waren unser liebstes Spielzeug. Wie oft fasste ich die rostigen Stäbe an und erfreute mich an der braunroten Farbe, danach leckte ich meine Finger ab. Ich mochte einfach den Geschmack des Eisens. Ich vermisse heute noch das Wasser und die Farbe der Eisenstäbe, und diesen Eisengeruch werde ich wohl nie aus der Nase bekommen.

Ich kam öfters verheult nach Hause. Kleid und Hose waren völlig hinüber, meine Gummischuhe verloren gegangen. Immer, wenn ich so ankam, mal mit blutendem Kopf, mal verbeult und verschrammt, stand da meine große Mutter mit aufgestützten Händen in den Hüften und schimpfte, was das Zeug hielt. Aber nicht mit mir. Sondern mit den anderen. Ich schaute bewundernd zu meiner Mutter hoch und liebte sie für ihren Kampfgeist. Währenddessen verklebte mir das Blut die kurzgeschnittenen Haare, und meine Füße wurden zu Schlammklumpen. Dann tröstete sie mich Hänfling, auf dessen Hals und Schultern sich der Dreck sammelte. »Komisch«, sagte meine Mutter, »wie spielst du denn, dass dein Hals immerzu verkrustet ist?«

Mich faszinierte die Art, wie meine Mutter Dinge verstaute, die ich ihr anbrachte. Alles kam zwischen ihre großen Brüste. Sie steckte sie so schnell und beiläufig weg, dass ich sie dafür liebte. Brachte ich ihr Geld vom Opa, landete es, zack, in ihrer Oberweite. Schlüssel, Geld, unsere Murmeln, einfach alles. Sie trug Kopftuch, das aber lag meist nachlässig um ihre Schultern, oder sie steckte es ebenfalls zwischen ihre Brüste. So behielt ich meine Mutter für immer in Erinnerung.

Wir Kinder kannten uns im Viertel gut aus und wuselten überall herum. Die einzigen Autos, die in unsere Gegend kamen, waren die zwei Lastwagen, die einmal in der Woche die Läden belieferten. Wir rannten hinter den Lastwagen her und veranstalteten Mutproben. Einmal, da muss ich sechs gewesen sein, hing ich mich hinten an den fahrenden Lastwagen, und sämtliche Kinder liefen schreiend neben mir her. Plötzlich hielt der schwere Lastwagen, und ich lag halbtot im Schlamm. »Haut ab und lasst mich in Ruhe, ihr Bastarde«, schrie der Fahrer und stieg aus. Er nahm mich hoch, schüttelte mich und stellte mich auf die Beine. Wieder ging ich weinend zu meiner Mutter.

Für ein Mädchen erlaubte ich mir ziemlich viel. Man nahm das hin, denn wir waren meist unbeaufsichtigt und passten selbst aufeinander auf. Den ganzen Tag trieben wir uns draußen herum, spielten und prügelten uns mit anderen Kindern. Und wir bildeten Banden. Wehe dem, der mal von einer anderen Bande allein erwischt wurde, dann gab es Prügel ohne Ende. Wir spielten Seil, balancierten auf den noch im Bau befindlichen Gebäuden, sprangen um die Wette von den Dächern. Wir brachen uns Arme, Beine, und manchmal fast den Hals.

Unser Opa renkte fast alles wieder ein. Er seifte meinen ausgekugelten Arm ein, von unten nach oben und wieder nach unten, was gefühlt einen halben Tag dauerte, dann brachte er den Arm mit einem kräftigen Ruck wieder in die richtige Stellung. Ich brüllte und weinte vor Schmerz. Opa meinte, das müsse so sein, schließlich sei er Arzt. Dabei war er früher nur ein Bauer und Hirte. Meine Tanten lachten und gingen lieber zu einem richtigen Arzt. Opa behauptete auch, er sei Zahnarzt, und tatsächlich hatte er eine Tasche mit Zangen jeglicher Art. Einmal schauten wir im Garten zu, wie er dem Nachbarn die Zähne zog. Vor Mitleid mit dem armen Mann bissen wir die Zähne so fest zusammen, dass wir selbst Zahnschmerzen bekamen. Keiner hätte uns auf diesen Behandlungshocker gebracht, so viel stand fest. Es fühlte sich nicht gut an.

Einmal klauten wir Kirschen vom Baum, und der Gartenbesitzer rannte uns hinterher. Wir nichts wie weg, vier Jungs und ich. Da ich über den Hosen stets ein Kleid trug, blieb ich am

Zaun hängen. Es machte einmal kräftig Ratzsch, und das Kleid war um die Hälfte kürzer. Der Besitzer sah mich am Zaun hängen, von dem die Jungs mich herunterziehen wollten. Da fing er so zu lachen an, dass wir mitlachen mussten. Aber mein Herz hüpfte vor Panik. Ich schimpfte mit den Jungs, die meinten, ich sei eben nicht so schnell wie sie. Dabei stimmte das gar nicht! Ich war zwar die Jüngste, aber auch die Schnellste in der ganzen Familie. Ich ging nicht einfach, sondern rannte überall hin. Ich war zäh und flink, konnte gut balancieren und mich abrollen.

Wir lernten von den älteren Kindern, wie man Spatzen mit der Steinschleuder erlegt und die Federn rupft. Diese zarten Vögelchen sahen so traurig aus, mit ihren toten Körpern und hängenden Köpfen. Egal, wir suchten uns Stöckchen, machten ein kleines Feuer, wendeten sie langsam darüber. Währenddessen eilte ich nach Hause, schnurstracks in die Küche zu meiner Mutter. Ich griff mir ein ganzes Brot und Salz. Mutter lief mir hinterher und rief, »kommt, es gibt gleich Bohnen mit Reis.«

»Nein, Mama, wir essen schon bei Tante Fatma.« Und ich rannte mit meinen flinken Beinen davon, die Jungs warteten auf mich. Wir teilen den kleinen Vogel durch vier, so dass jeder mehr Brot als Fleisch abbekam. Er schmeckte gut. Die zarten Knochen aßen wir gleich mit. Das Vögelchen war so verkohlt, dass unsere Münder ganz schwarz wurden. Wir fühlten uns stark und mutig.

Unsere Steinschleudern benutzten wir aber auch, um unsere Gegner zu treffen. Da alle Kinder Schleudern hatten, trugen manche für ihr weiteres Leben eine Menge sichtbarer und unsichtbarer Narben. Oft sah man Kinder, die weinend nach Hause liefen und zehn Minuten später weiterspielten, als wäre nichts gewesen. Mit Murmeln konnten wir stundenlang spielen. Ein Haus kann Schutz und Sicherheit bedeuten. Als Kind sah ich es als etwas Besonderes und Wertvolles an, dass immer, wenn Geld ins Haus kam, der Bau am Haus weiterging. Unser Haus war, soweit ich zurückdenken kann, immer im Bau. Die Häuser in der Umgebung wuchsen heran wie wir Kinder. Ehe ich Istanbul im Alter von acht Jahren verlassen sollte, versteckte ich meine sämtlichen Murmeln unter der Haustreppe.

Meine Großmutter mütterlicherseits wohnte in einem Villenviertel. Prächtige Häuser, blondes Haar, überall roch es nach Parfüm. Die Leute dort benahmen sich merkwürdig. Ihre Autos waren riesig und mit echtem Leder bezogen. Die Großmutter sah nicht wie eine Großmutter aus. Ihre Villa war aus Holz erbaut und weiß gestrichen, drinnen schien alles weiß zu sein, weiße Möbel, weißes Geschirr, und jeder hatte einen eigenen Teller. Das Essen wurde am Tisch serviert. Meine Mutter war sanft, zurückhaltend und liebte ihre Mutter abgöttisch. Die Schwester meiner Mutter war dagegen eine resolute Frau, die auch den Mut hatte, ihrer Mutter zu widersprechen. Meine Großmutter sah jung geblieben und böse aus. Sie tadelte meine Mutter, dass sie bei Barbaren gelandet sei. »Schau, sie möchte ihrer Großmutter nicht mal einen Kuss geben. Dabei lernt sie hier endlich eine neue Welt kennen. Komm, gib der Großmutter einen Kuss.« Ich tat, als hätte ich nichts gehört. Darauf sagte sie zu meiner Mutter: »Siehst du.« Als meine Mutter merkte, dass es mir bei Großmutter nicht gefiel, nahm sie mich mit an den Strand. Sie und ihre Schwester spielten mit mir und steckten die Füße ins Wasser. Das gefiel mir schon besser als die böse Großmutter. Abends konnte ich nicht einschlafen und hatte riesiges Heimweh, das richtig weh tat und mir Beklemmungen an diesem blitzsauberen Ort bereitete. Ich sehnte mich nach den Großeltern väterlicherseits, ich wollte weg von dieser herzlosen Großmutter, zu meiner lustigen Großmutter. Wir blieben eine Nacht, die aber reichte mir für immer. Ich wollte meine Großmutter mütterlicherseits nie wieder sehen.

Die Großmutter väterlicherseits war ganz anders. Sie kleidete sich wie ein bunter Vogel, rotes Kleid mit blauen Blumen, gelbes Kopftuch, eine grüne Hose und lila Socken. Bunt und dick und rund, sie lachte viel und war wie ein Kind. Ihre erste Tochter war nur vierzehn Jahre jünger als sie. Sie besaß eine Truhe mit wunderbaren Stoffen, Taschen, Perücken, die wir oft bestaunten, aber keiner ohne ihre Erlaubnis anrühren durfte. Mit ihr hatte man immer Spaß. Einmal wollte sie sich auf einen Hocker setzen, den meine Schwester und ich ihr schnell unterm Hintern wegzogen. Sie fiel auf den Rücken und das ganze Haus bebte. Wir versuchten ihr nach Kräften wieder auf die Beine zu helfen, die anderen rannten ins Zimmer und sahen die Großmutter, die nicht alleine hochkam, und mussten lachen. Sie lachte am meisten darüber: »ihr Eselsbrut.« Meine Mutter schimpfte, »ihr hättet der Großmutter den Rücken brechen können. Verzeih meine ungezogenen Kinder«, wandte sie sich an die Großmutter, die sich immer noch nicht einkriegte vor Lachen. Als der Großvater hereinkam und fragte, »Zinet, was machst du für Sachen?«, suchten meine Schwester und ich das Weite. Denn von dem Zorn des Großvaters hatten wir Angst. War er wirklich nur anderthalb Meter groß? Er war genau das Gegenteil von der Großmutter, klein und zierlich, aber zäh und zornig. Mein Bruder und ich hatten einen Trick, um die Stimmung im Haus herauszufinden: wir gingen ins Zimmer, schauten kurz in die graugrünen Augen des Großvaters, dann nahmen wir die Beine in die Hand. Der konnte mit seinen anderthalb Metern so zornig werden, dass sogar die Berge Reißaus nahmen. Morgens um fünf stand er immer auf, kochte sich seinen Tee, wenn alle noch schliefen. Er brauchte diese Ruhe.

Wir wussten, dass er einen Pistole hatte, die er regelmäßig in Tücher wickelte, wie ein Baby. Ein Tuch, noch ein Tuch und noch eins. Die Pistole lag unter seinem Pullover, war alt und klobig, wie wir fanden. An die haben wir uns nicht getraut. Mein Bruder und ich schliefen mit unserer Mutter auf einer Matratze, wenn unser Vater in Berlin war. Kam er nach Istanbul, schliefen wir bei den Tanten. Es gab nicht genug Platz für so viele Menschen, aber wir Kinder fanden das gut. Hatte ein Erwachsener schlechte Laune, gingen wir zu einem anderen, etwas besser gelaunten. Wir hatten eine große Auswahl an Bezugspersonen im Haus. Immerzu kam Besuch, der Teekessel wurde nicht vom Herd genommen.

Meine Großeltern väterlicherseits kamen aus Tunceli. Sie waren arm und beherrschten die türkische Sprache nicht. Ich kann mich nicht erinnern, dass sie sie jemals gelernt hätten. In unserer Familie wurde Kurdisch und Türkisch gesprochen. Elektrisches Licht gab es nicht, Petroleumlampen und Kerzen waren das einzige, was wir hatten. Wir gingen mit dem Licht sehr sparsam um. Noch heute, nach fünfundvierzig Jahren, mache ich erst Licht an, wenn es dämmert. Meine Familie fragt mich, warum ich im Dunkeln sitze. Ich merke das nicht, es stört mich auch nicht. Licht wird erst dann angemacht, wenn nichts mehr zu sehen ist.

Mein Vater war in Berlin und schickte seinen Eltern regelmäßig Geld. Davon konnte mein Großvater einen Kaufmannsladen aufmachen. Nur war er so gutmütig, dass alle bei ihm anschrieben, so dass er schon nach einem Jahr pleite ging. Eines Tages ging ich in den Laden, während Opa Kartons stapelte. Ich nahm, ohne zu fragen, aus den offenen Säcken eine Handvoll Pistazien und getrockneter Kichererbsen. Natürlich sah es Großvater und sagte, »nachher kommst du ins Wohnzimmer, hast du mich verstanden?!« Oh je, ich bekam es mit der Angst zu tun. Ich ging wie eine Fremde ins Wohnzimmer, wo Oma mit vier Nadeln Socken strickte. »Na, was hast du denn, du siehst so komisch aus?« Ich erzählte ihr von meiner Klauerei. »Oh«, sagte sie, »mal sehen, was der Opa mit dir vor hat.« Der erschien mit einem schweren Sack, den er ins Wohnzimmer stellte, dann ging er, um kurz darauf einen zweiten Sack zu bringen. Beide Säcke standen friedlich nebeneinander. Ach, das soll die Strafe sein?

Er sprach: »So, jetzt iss! In meiner Familie wird nicht geklaut, hast du verstanden!?« Ich finge an zu essen. Ich aß genüsslich und freute mich über die Pistazien und Kichererbsen. Aber nach einer Zeit bekam ich einen trockenen Hals, der Magen fühlte sich komisch an. Nur, die Säcke wurden kein bisschen leerer. Die Großmutter meinte, »das Kind wird sich den Magen verderben.« Er antworte, »Zinet, lass mich machen, ich dulde keine Kriminellen in der Familie.« Er ging vor die Tür. Ich versuchte mir die Hosentaschen vollzustopfen, ebenso die Taschen meines Kleides. Es kam mir wie eine Ewigkeit vor. Inzwischen hatte sich im Haus herumgesprochen, was der Opa mir befohlen hatte. Meine Tanten standen an der Tür und hielten sich die Bäuche vor Lachen. Mein sechzehnjähriger Onkel spottete und gab damit an, dass der Opa ihn noch nie erwischt hätte. Ich hätte mich zu dumm angestellt. Meine Mutter und Oma lächelten sich an, dann rief Oma den Opa und bat ihn, mich zu erlösen. »Wenn ich dich noch einmal beim Klauen erwische, dann gnade dir unser Prophet Ali!« An diesem Tag hatte es sich ausgekichert. Ich bekam etwas zu trinken und verkrümelte mich zu meinen Freundinnen. Seither kann ich Pistazien und Kichererbsen nur in kleinen Portionen essen.

Von meinen Großeltern hörte ich von dramatischeren Ereignissen, von den oft archaischen Sitten in den kurdischen Gebieten. »Du entführst meine Tochter? Dann brennen wir deine Scheune mitsamt der Tiere nieder. Und pass auf, dass du keine Tochter bekommst!« Das zog sich über Generationen hin. Man fand keine Ruhe und keinen Frieden. Die Feindseligkeiten waren so schlimm, dass die Männer bewaffnet auf ihre Töchter und Ehefrauen achtgaben. Entführungen waren die schlimmste Waffe gegen die Frauen, sie wurde doppelt bestraft: in Feindeshand zu kommen und dazu von den eigenen Leute verstoßen zu werden. Das waren die Schauergeschichten, die meine Großeltern abends bei gemütlichem Kerzenschein erzählten. Mein Kopfkino sprang an. Weiße Pferde galoppierten über die unendlichen Weite, darauf junge Frauen, denen es gelang, sich vor den Verfolgern in Sicherheit zu bringen.

Die Armut war drückend, erzählte meine Großmutter. Der Feudalismus hätte die Menschen hart und herzlos gemacht. Die Ağas nahmen sich viele Freiheiten und Unverschämtheiten heraus und bekamen den Hals nicht voll. Auch das war ein Grund, wegzugehen. Viele Menschen wollten keine Untertanen mehr sein, die Knechtschaft und Ungleichheit trieb sie aus ihrer Heimat. Wie meine Großeltern suchten sie ihr Glück in Istanbul. Die Arbeit waren sie gewohnt, ihre Würde konnten sie mitnehmen. Sicher, wir sind arm, aber unsere Tradition und unser verborgener Glaube sind stark.

Als meine Großmutter noch sehr klein war, hatte sie über Nacht ihre gesamte Familie bei einem Erdbeben verloren. Als einzige Überlebende wurde sie von einer Tante, die ein paar hundert Kilometer entfernt wohnte, zu sich genommen. Großmutter erzählte von den Schutzheiligen Hızır und Ilyas, die rechts und links auf den Schultern der Menschen säßen. Der eine ist fürs Land, der andere fürs Wasser zuständig, Ich weiß noch, dass Großmutter, wenn ihr etwas misslang, den fürs Land zuständigen Schutzheiligen anrief: »Yetiş ya, Hızır!«[*] Die Vorstellung gefiel mir, neben meiner Familie auch noch unsichtbare Schutzheilige zu haben, die mir beistehen würden.

Einmal stand ich spät abends vor dem Haus und zählte mit dem Finger die Sterne. Meine Mutter trat zu mir und meinte, es sei schon spät, ich solle ins Bett.Als sie sah, wie ich die Sterne zählte, sagte sie, »Gül, es bringt Unglück, auf die Sterne mit dem Finger zu zeigen.« »Gut, Mama, ich mache es nicht mehr.« Ich stand mit meiner Mutter, kein Licht brannte, und ich fuhr fort zu zählen, indem ich jedem gezählten Stern zunickte. Meine Mutter sagte, »Gül, auch das geht nicht!«
»Mama, gibt es einen Gott?«
»Ja, natürlich, Gott bewahre, was Kinder alles fragen.«
»Aber ich habe ihn noch nie gesehen!«
»Das ist wie bei den Schutzheiligen, die siehst du nicht, aber sie sehen dich und sind bei dir.«
Wir standen noch lang so, und ich erzählte ihr mein Geheimnis: »Mama, immer wenn ein Flugzeug über unser Haus fliegt, dann renne ich raus und schicke meinem Vater Grüße.«
»Das ist schön von dir, meine liebe Tochter, wie gerne wäre ich mit deinem Vater und euch auch in Deutschland.«

Bei uns im Haus wurde auf dem Boden gegessen. Alle ließen sich nieder, eine Plastikdecke wurde auf dem Boden ausgebreitet, darüber eine Stofftischdecke, in die Mitte kam das Essen, dazu frisches Brot und natürlich Joghurt. Ohne Joghurt wurde keine Speise angerührt. Die Oma sprach das Abendgebet, brach das Brot und verteilte es an die Runde. Jeder nahm sich mit dem Löffel aus der Mitte, was er essen wollte. Gekocht wurde viel Reis mit Lammfleisch oder Auberginen, Bohnen und Gemüse. Mein Lieblingsgericht war Babiko. Dafür wird ein großer Brotteig rundgebacken. Bei meinen Großeltern wurde früher alles selbst gemacht, die Frauen buken das Brot, die Kinder mussten, sobald sie einigermaßen laufen konnten, mithelfen. Wenn sie davon erzählten, fand ich das aufregend. Wir gingen, anders als noch unsere Großeltern, damit zum Bäcker. Nach einer Weile holten ich und meine Tanten das fertige Brot ab.

---

[*]   Eile herbei, Hızır!

Beim Bäcker war es spannend, denn man konnte sehen, was die Nachbarn so für Köstlichkeiten bestellten. Meine Tanten besprachen auf dem Weg mit ihren Freundinnen Neuigkeiten und wer demnächst verlobt werden würde.

Zuhause wurde das Brot ausgehöhlt und mit heißer Butter und selbstgemachtem Joghurt mit reichlich Knoblauch gefüllt. Für mich war das ein Festessen, die Oma bereitete das allerbeste Babiko! Jeder nahm sich mit dem Löffel von der Füllung, zum Schluss wurde der Teigteller gebrochen und wir aßen die knusprigen Brotstücken.

Nur Fisch mochte unser Opa gar nicht, deshalb waren wir immer froh, wenn er für ein paar Tage aus dem Haus war. Dann gab es Fisch satt. Als Kind hatte er ein traumatisches Erlebnis, als ihm ein Freund einmal einen lebendigen Fisch ins Hemd gesteckt hatte. Seitdem mochte er Fisch weder sehen noch riechen noch essen.

Nach dem Essen saßen wir zusammen und die Großeltern erzählten von ihrer Heimat. Der Opa holte die Saz[*] hervor, sang kurdische Lieder und schwang dabei immer hin und her. Die Lieder kündeten von Schmerz. Opa meinte, Âşık Veysel[**] sei der beste Sänger und Dichter auf Erden. Alle seufzten laut und traurig. Ich merkte, sie waren in Istanbul nicht wirklich angekommen. Diese Fremdheit. Es tat mir weh, dass die Großeltern manchmal wie Fremdkörper wirkten, während die Tanten und Onkel zu modernen Istanbulern wurden. Oft verstand ich nicht, was meine Großeltern sagten. Wenn es im Gespräch um gewisse Dinge ging, die nicht für Kinderohren gedacht waren, wurde kurdisch gesprochen. Wenn meine Großeltern von den verschneiten Bergen erzählten, saß ich da und spürte die intensivsten Gerüche im Tal und den Nebel auf meiner Nase, hörte das kühle Wasser über Steine rauschen. Die Sehnsucht nach der Heimat zeigte sich, wenn mein Großvater immer wieder Tiere anbrachte. Einmal war der ganze Fußboden voller gelber Hühnerküken. Er hatte Schafe, und eins war meins, ich nannte es

---

[*]   Langhalslaute
[**] berühmter Musiker (1894–1973), der als Kind erblindete und als fahrender Sänger von Dorf zu Dorf zog.

Fatma. Ich führte es spazieren und sang ihm Lieder vor. Eines Tages stand ein leibhaftiger Büffel bei uns im Garten.

Mein Vater hatte Lesen und Schreiben in den drei Monaten gelernt, in denen er zur Schule gegangen war. Dorthin musste er einige Stunden laufen. Als Zwölfjähriger verließ er heimlich das Dorf, lief hinunter zur Bahnstation, setzte sich in den Zug und stieg in Istanbul aus. Dort bat er auf Baustellen um Arbeit als Gehilfe. Ein Meister fand Gefallen an ihm und nahm ihn unter seine Fittiche. Nach seinem Militärdienst, da war er einundzwanzig, schrieb er nach Hause. Er hätte ein Grundstück und ein Haus in Istanbul, die Familie solle kommen. Da kamen sie alle, seine Eltern und seine Geschwister. Sie sahen das Grundstück, doch kein Haus. »Du Schurke«, sagte mein Opa, »da mache ich mich auf, fahre mit der Familie hierher und jetzt? Wo sollen wir schlafen?« Auf dem Grundstück begann ein Haus zu wachsen. Es wuchs, zwanzig, vielleicht dreißig Jahre lang. Immer, wenn Geld da war, wurde weitergebaut.

Weil er oft ihre Namen nicht auseinander halten konnte, nannte Großvater alle Frauen Zinet. Vielleicht war das auch ein Trick. Er kannte seine Kinder, darunter sieben Töchter, aber sich jeden Namen merken? Wenn er »Zinet« rief, kamen alle, meine Mutter, meine Großmutter, meine Tanten oder die gerade anwesenden Nachbarinnen. Auch die hießen natürlich Zinet.

Oft versuchten die Nachbarinnen uns Kinder auszufragen. »Sag mal, Gül, betet deine Großmutter? Sie kommt ja nie in die Moschee.« »Tante, Großmutter hat doch Rheuma an den Beinen. Das weißt du doch, Tante!« »Und pustet ihr abends die Kerzen aus?« »Natürlich Tante! Und wer liegt dann neben wem?«

Auf solche blöden Fragen waren wir bereits gefasst und fanden es spannend, dass sie uns für so naiv hielten. Den Aleviten wurde nachgesagt, dass sie nach sogenannten Lichterfesten Inzest treiben würden. Für die Phantasien der Nachbarinnen spielten die ausgepusteten Kerzen dabei eine besondere Rolle. Sie fragten auch schon direkt, ob wir Rotköpfe seien. Kızılbaş – so nannte man die Aleviten abfällig. Wir hatten eine Antenne dafür, dass wir unsere Familie vor neugierigen Ausforscherinnen schützen mussten. Wir taten nichts Verbotenes, wir lebten unser Leben wie sie, nur etwas anders, und vielleicht ehrlicher zu Gott und den Menschen. Vor Gott sollst du keine kleinen Kinder dazu bringen, die eigene Familie zu verraten. Meine Großmutter sprach kaum Türkisch, sie tat sich schwer damit. Meine älteren Tanten übersetzten für sie. Wir Kinder verstanden Kurdisch, sprachen aber nur Türkisch, weil unsere Mutter wiederum die kurdische Sprache nicht so gut konnte. Wir lebten mit zwei Sprachen, das wusste jeder in der Nachbarschaft. Auch wir wussten, dass wir anders als unsere Nachbarn sind, und meine Mutter wiederum anders als meine Tanten. Sie war sehr vornehm und höflich, sie kam aus einer reichen Familie, war nie in den kurdischen Bergen; und doch lebte sie in dieser armen Familie und fühlte sich wohl und glücklich dabei. Sie war sehr gescheit, meine Großeltern hatten sie ins Herz geschlossen. Sie hatte keine Vorurteile, dachte ich, also spinnen die Nachbarinnen.

In einer Familie gibt es viele Geheimnisse. Erzähl das nicht, gib dir keine Blöße, sei vorsichtig. Warum genau, wusste ich nicht. Ich merkte nur, dass viele Menschen etwas zu verbergen hatten. Als ich bei der Großmutter mütterlicherseits war, erzählte meine schöne Tante, hochrot und mit Tränen in den Augen, dass sie gerade von ihrer Freundin komme und traurig und wütend sei. Sie setzte sich zu meiner zu stark geschminkten Großmutter und meiner Mutter. Meine schöne Tante trug einen leichten weißen Hosenanzug, ihre Haare fielen wie Wolken über ihre Schultern. »Heute morgen wollte ich zu Aynur«, begann sie, daraufhin rief Großmutter das Dienstmädchen, sie solle uns Kaffee machen. »Und bring Gül eine Limonade!«

»Also, heute morgen war ich bei Aynur. Als ich klingelte, öffnete mir ihr jüngster Sohn. Hallo Hüsseyin, wie geht es dir? Dann hörte ich von weitem die Stimme von Aynur. Rahel, bring bitte den rotgepolsterten Stuhl ins Wohnzimmer. Ja, Esther, sagte die Stimme von Rahel. Zuerst dachte ich, ich wäre im falschen Haus. Aber alles sah nach Aynurs Wohnung aus. Hüsseyin schaute mich ängstlich an. Er war letzte Woche gerade sechs geworden, wir hatten ein schönes Geburtstagsfest gefeiert. Er rannte los. Eilig kam meine Freundin Aynur die Treppe herunter. Oh, entschuldige bitte, wir haben dich gar nicht gehört. Hüsseyin hat mir die Tür geöffnet, sagte ich. Erst dachte ich, ich sei einer anderen Familie gelandet. Warum sagen sie Esther zu dir? Weißt du, komm doch erst mal rein, bleib nicht im Flur stehen. Nein, ich möchte lieber nicht. Esthers Gesichtsfarbe veränderte sich, und mein Herz schlug schneller. Weißt du, wir sind Juden, nach außen tragen wir andere Namen, aber zu Hause, wo wir sicher sind, können wir uns bei unseren richtigen Namen nennen. Ich hatte nicht die Kraft, dir das zu erzählen, ich musste vorsichtig sein. Als Juden haben wir oft das Vertrauen zu den Menschen verloren. Du bist meine beste Freundin, dich möchte ich nicht verlieren. Sagte Esther! Ach, so ist das, ich kenne dich seit zwanzig Jahren unter einem falschen Namen? Warum hast du kein Vertrauen zu mir? Wir ziehen unsere Kinder gemeinsam groß, bei den Jungs haben wir gemeinsam das Beschneidungsfest ausgerichtet. Ich habe dir soviel von mir erzählt. Wie konntest du nur? Es tut mir wirklich sehr leid, verzeih mir. Nein, ich gehe und werde nie wieder kommen. Wir beide weinten.« Als meine Tante das erzählt hatte, weinte auch meine Mutter.

Viele Jahre später sprach ich mit meiner schönen Tante darüber. Was war mit Esther? Sie erzählte mir von ihrer Trauer, die nach fünfzig Jahren immer noch so groß sei, als wäre es erst gestern passiert. »Wie konnte sie sich nur so verstellen?« »Tante«, sagte ich, »du musst dich in Esthers Lage versetzen.

Esther hatte ihre Gründe, nicht zu sagen, dass sie Jüdin ist. Du weißt, wie es kurz zuvor den Griechen in Istanbul ergangen ist. Nachbarn griffen ihre Nachbarn an. Die Pogrome in Istanbul und anderen Städten waren schrecklich. Die Griechen wurden vertrieben und ermordet, tagelang wurde geplündert. Ich habe selber in einem Dorf gesehen, wie die Tür eines Hauses offen stand, die Teller immer noch auf dem Tisch. Das war ein Haus von Griechen. Warum sollte Esther sich sicher fühlen? Warum?« »Weil ich ihre Freundin war, ich hätte sie beschützt. Sie hat mich über so viele Jahre angelogen! Ich hätte sie doch niemals verraten«, erwiderte meine immer noch schöne Tante. »Ich verstehe euch beide«, sagte ich, »aber Esther hatte ein großes Familiengeheimnis zu tragen.« Später zeigte meine schöne Tante Esthers Haus. »Schau, da wohnt sie.« Sie hätte gehört, dass Esther sehr krank sei. Und sehr einsam. »Wollen wir Sie besuchen?«, fragte ich. »Nein«, entgegnete meine schöne Tante und fing an, wieder von Esther zu erzählen. Ich glaube, ihre beiden Seelen waren immer noch miteinander verbunden.

Meine Großeltern waren erst ein paar Jahre in Istanbul, als ich 1961 dort geboren wurde. Sie waren unheimlich stolz, dass meine Brüder und ich in einem Krankenhaus zur Welt kamen. Mich hätte man allerdings gleich nach der Geburt nach Hause gegeben, weil ich keine Überlebenschance hätte. Ich wurde dort von Mutter und Großmutter aufgepäppelt. Großmutter war eine erfahrene Frau, sie hatte bis zu meiner Geburt bereits zehn Kinder geboren und ebenso viele Kinder verloren. Am meisten trauerte sie über ihre verlorenen Kinder, auch Zwillinge waren darunter gewesen. Meine Großmutter war wohl auch ein Zwillingskind. In den Bergen gab es keine ärztliche Versorgung für die Menschen. Sie waren auf sich alleine gestellt. Auch das war ein Grund, fortzugehen. Wenn unsere Verwandten aus den kurdischen Gebieten zu uns kamen und länger blieben, war die Stimmung geteilt. Die Älteren freuten sich, die Jüngeren rümpften die Nase, weil die Verwandten nach Schaf und Ziege rochen. Monatelang bekamen wir diesen Geruch nicht aus dem Haus. Sie brachten köstlichen Käse, Dörrfleisch und Trockenfrüchte mit. Der Ziegenkäse steckte in einem Ziegenfellsack, der roch so gut, und an der Innenseite fand sich kein einziges Haar. Im abendlichen Dämmerlicht sahen die Käsesäcke in der Küche mit ihren Griffen rechts und links wie Katzenköpfe aus.

Unsere Besucher blieben zwei bis drei Monate. Manche der ankommenden Frauen trugen ein Tuch vor dem Mund. Als Frischverheiratete hatten sie das traditionelle einjährige Schweigegebot innerhalb der Familie zu befolgen und gaben uns Kindern nur Zeichen. Meine Tanten machten sich über die altmodischen Besucher lustig. Die Männer trugen Bärte, die ihnen bis zu den Ohren gingen. Meine jungen Onkel amüsierten sich heimlich über die Bartträger und alberten mit ihren Schwestern. Im Flur waren bis zur Decke Matratzen gestapelt. Abends nahm sich jeder eine Matratze, und die Schläfer verteilten sich auf die einzelnen Zimmer.

Eines Tages kam ein Verwandter, ein imposanter, hochgewachsener Mann. Er brachte Schafs- und Ziegenkäse aus den Bergen, eingeschlagen in ein großes Fell. Flöhe brachte er auch mit. Er war angezogen wie ein Ağa: Pumphosen, Weste, Turban und ein Jackett, das nach Stall und Tabak roch. Er schaute freundlich und zwirbelte beständig seinen riesigen schwarzen Schnurrbart. Nachts schlich die jüngste und frechste der Tanten mit ihrem Bruder zu dem schlafenden Besuch und schnitt dem ahnungslosen Mann mit der Schere heimlich eine Schnurrbarthälfte ab. Am Morgen wollte der Mann seinen Bart zwirbeln, doch da fehlte etwas. Entrüstet stand der Mann vor dem Spiegel, beschwerte sich lauthals bei meinem Opa, packte seine Sachen, verschwand und wurde nie mehr gesehen. Damit war unser Ruf in den kurdischen Bergen dahin. Opa tobte länger als drei Tage, und noch länger lachten wir Kinder. Aber nur heimlich, wenn uns die Älteren nicht sahen.

Meine Tanten hatten die aktuelle Mode ganz genau im Blick. Nur war der Opa sehr streng, so konnten sie sich nicht so anziehen, wie sie wollten. Auf einer alten Nähmaschine nähten meine Tanten Kleider und Blusen, Opa achtete darauf, dass sie nicht allzu kurz ausfielen. Doch ihre Haare waren stets wunderschön. Stundenlang wurden sie mit kleinen Kämmen gestriegelt, frisiert und kommentiert. Meine Haare wurden auch gekämmt, aber sie waren lang, drahtig und gelockt. Eine

Herausforderung, vor der die Tanten die Waffen streckten. »Mädchen, du hast Ziegenhaare, ich komme gar nicht durch.« Dann holten sie meine Mutter oder die Großmutter. Die machten den Kamm nach jedem Strich in einer Schüssel nass, was das Ganze eine gefühlte Ewigkeit dauern ließ.

Zu den Hennaabenden kamen die Freundinnen meiner Tanten und deren jüngere Schwestern, die angerührte Masse wurde auf den Haaren aufgetragen. Am nächsten Tag wachten wir auf, das eingetrocknete Henna hatte sich wie schweres Tuch um den Kopf gelegt. Mit Schlamm und seinen Tücken kannte ich mich aus. Das Henna sah wie Schlamm aus, und es roch penetrant. Die Hennaabende mochte ich, aber der Geruch von Henna war für meine feine Nase zu stark. Da wir kein fließendes Wasser hatten, machten meine Mutter und die anderen Tanten im Bad auf dem Ofen Wasser warm und wuschen uns den Hennaschlamm vom Kopf und Körper. Alles färbte sich braunrot.

Dann, eines Tages, sagte mein Vater: »So, Kinder, morgen nehme ich euch mit nach Berlin.«

Berlin
1969

Gül

Der Flug von Istanbul nach Berlin war beeindruckend. Fliegen und dabei von einer adretten Stewardess Hühnchen serviert bekommen. Als wir in Berlin landeten, war die Stadt tief verschneit, und es blies ein starker Wind. Ich war sieben Jahre alt und hatte große Angst vor den Schneemassen. So viel Schnee kannte ich ja nur aus den Erzählungen der Großeltern über ihr Dorf in Tunceli. Der Vater und meine Schwester neckten mich: Pass auf, dass du nicht einschneist. Den Wind hingegen fand ich gut, er machte mich wach.

An diesem ersten Tag in Berlin sagte Vater zu uns: Wir besuchen jetzt eine gute Freundin von mir. Wir fuhren mit der U-Bahn, in der Bahn schauten mich die Menschen an, vor allem lächelten mich Frauen an. Ich verstand nicht, warum, fand es aber gut und lächelte zurück. Eine U-Bahn kannte ich bis dahin nicht, geschweige denn eine Rolltreppe . Unser Vater zeigte uns, wie wir darauf treten und unbeschadet wieder absteigen konnten. Wir kamen auf eine große Straße. Die Bürgersteige waren breit, und die Häuser hatten viele Löcher in den grauen Fassaden. Ich frage meinen Vater nach diesen Löchern. Er meinte, dass es in Deutschland vor nicht allzulanger Zeit einen furchtbaren Krieg gegeben habe. Daraufhin machte meine Schwester Peng, Peng. Mein Vater sagte, siehst du den Mann, der dort kommt? Ich sah ihn und bekam Angst. Da lief ein Mann mit nur einem Arm, an der Hand blitzte ein schwarzes Metallteil. In Istanbul hatte ich oft auf dem Basar Bettler gesehen, aber vor diesem finster aussehenden Mann mit seiner metallenen Hand gruselte mich. Ich schaute auf die Straße und las plötzlich an einer Hauswand »Zauberkönig«. Ein kleiner Laden, in dem es viele schöne Sachen zu bewundern gab: Luftballons und Luft- schlangen, Zylinder, aus denen Häschen herausschauten, und hinter einem langen Tresen viele wunderschöne Kostüme. Wir zogen unseren Vater in Richtung Laden. Kinder, es wird dunkel, wir müssen weiter. Wir besuchen Elisabeth. Ich kannte seine Freundin nur von den Fotos in Istanbul. Sie hingen bei meiner verheiraten Tante zusammen mit anderen Fotos an der Wand. Obwohl meine Eltern noch verheiratet waren. Meine Mutter schien das nicht zu stören. Sie zeigte jedenfalls keine Regung. Nur einmal sagte sie zu meiner Tante, dass sie ein unmögliches Frauenzimmer sei.

Ich wunderte mich, dass ich zwei Mütter haben sollte: meine beliebte, ständig arbeitende Mutter und eine, deren Foto an der Wand hing und die mich mit roten Lippen anlächelte. Erwach- sene sind manchmal merkwürdig, dachte ich mir. Wie soll das das denn gehen? Klar, der Vater brauchte auch eine Frau in der Fremde, damit er nicht so alleine war. Aber nun hatte er doch uns.

Die Eingangstür zu Elisabeths Haus war majestätisch schwer, die Treppenstufen glänzten und waren ziemlich glatt. Es roch gut im Treppenhaus. Im dritten Stock klingelte unser Vater. Er sah verärgert aus. Ich wusste noch nicht, warum. Eine elegante Frau öffnete die Tür. Ich erkannte die Dame sofort. Es war die Frau auf dem Foto: hochgewachsen, rote Haare, in einem leich- ten Seidenkleid mit großen weißgrünen Blumen. Sie schien zu leuchten. Ihre Schuhe passten zum Kleid, es waren Tanz-oder Hochzeitsschuhe, soviel Ahnung hatte ich. Denn bei meinen vielen Tanten war Mode angesagt.

Wie seltsam, dachte ich, bei diesem Wetter und dazu noch in der Wohnung solche Schuhe zu tragen. Elisabeth sah festlich aus. Sie sprach nur kurz mit dem Vater an der Tür. Mit der frei- en Hand markierte sie selbstbewusst eine Grenze, in der ande- ren hielt sie ein Glas. So ein Glas kannte ich bis dahin nicht, es hatte einen langen Stiel. In der Türkei waren wir Arme, Men- schen, die froh waren, wenn alle genug zu Essen bekamen. Mit

Schnickschnack war da nicht zu rechnen. Sicher, Rakı-Gläser kannte ich, aber Wein wurde bei uns nicht getrunken.

Sie war nicht alleine in der Wohnung, irgendwann klapperte Besteck. Diese Frau ist nicht nur sehr elegant, sondern auch sehr klug, dachte ich. Elisabeth schaute auf mein Vater, dann nach rechts und nach links auf uns, meine zehnjährigem Schwester und mich, ein achtjähriges Mädchen. Ich verstand kein Wort, aber meine großen Augen sahen die Überraschung in ihrem Gesicht, dass mein Vater mit uns Kindern bei ihr auftauchte. In seiner Abwesenheit hatte sie sich wohl überlegt, doch keinen Mann mit zwei Kindern versorgen zu wollen. Das war ein Schlag! Mein Vater sprach kurz mit Elisabeth, dann gingen wir wieder die Treppe runter. Draußen, in Wind und Schnee erklärte unser Vater: Ich schaffe es auch ohne diese Frau. Jetzt ist mein Freund bei ihr. Ich fand es schade. Sie wären ein attraktives Paar gewesen. Mein Vater war ein gut aussehender Mann, und in Elisabeth hatte ich mich sofort verliebt. Sie hätte ich gerne als Mutter gehabt. So elegant, soviel Leichtigkeit und so wenig Furcht hatte ich bisher bei keiner Frau gesehen. Alle meine Puppen hießen fortan Elisabeth.

Dieser erste Tag in Deutschland war einschneidend für uns. Von diesem Tag an hieß es für mich, ohne Mutter zu sein. Das bedeutete einen doppelten Heimatverlust. Zum Glück, dachte ich damals, habe ich meine Schwester immer bei mir. Unser Vater war bereits seit 1964 in Deutschland. Wir blieben bei den Großeltern in Istanbul, zunächst mit, später ohne Mutter. Unsere Mutter wollte uns zu sich nehmen. Sie wusste aber, dass die väterliche Familie niemals die Kinder mit der Mutter gehen lassen würden. Aber auch wir wollten nicht zu unserer Mutter. Ihre Familie war modern und behandelte uns äußerst abfällig. So blieb ihr nur, vor Gericht zu ziehen. Kurz vor der Gerichtsentscheidung brachte uns unser Vater nach Deutschland.

Berlin
die ersten Jahre

Als ich 1969 mit dem Flugzeug nach Berlin kam, war meine Aufregung groß, ebenso die Verunsicherung. Ich kam ohne die Mutter, die Eltern hatten sich scheiden lassen. Meine Mutter nicht mehr in meiner Nähe zu haben, machte mir Angst. Aber, wie meine Mutter sagte: Wir werden uns nicht verlieren, daran glaubte ich. Später merkte ich, dass meine Lebensgeschichte doch etwas ganz besonderes war. Ich wurde von einem alleinstehenden Vater erzogen. Sicher, Frauen fuhren mit ihren Kindern nach Deutschland oder mussten ihre Kinder bei den Großeltern oder Tanten und Onkels lassen. Aber dass ein Mann seine Kinder nach Deutschland mitnimmt, das war ungewöhnlich. Zumal unsere Mutter eine gute Mutter und Ehefrau war! Diesen Schmerz zu fühlen, währte viele, viele Jahre.

Später, als junge Frau, wohnte ich eine Zeit lang in Hamburg in einem Mietshaus mit Werkswohnungen der Werft »Blohm und Voss«. In diese kleinen Wohnungen zogen in den siebziger Jahren türkische Werftarbeiter ein, aber auch junge Leute, Studenten.

Früher beschäftigte die Werft andere Arbeiter. Es waren keine deutschen Arbeiter. In der Hansestadt wurden von 1939 bis 1945 mehrere hunderttausend sogenannte Fremdarbeiter und Gefangene zur Arbeit gezwungen. Als zivile Arbeitskräfte, als KZ-Häftlinge und als Kriegsgefangene hatten sie in Rüstungsunternehmen, in Betrieben der hamburgischen Gemeindeverwaltung, auf Baustellen und in der Landwirtschaft arbeiten müssen. Auf der Deutschen Werft befand sich eine Außenstelle des KZ Neuengamme. Während die deutschen Männer die

Millionenheere der Wehrmacht im Osten und Westen stellten, wurde ihre Arbeit in den Rüstungsbetrieben von Sklaven aus allen Teilen Europas verrichtet. Nach dem Krieg verschwanden die Fremdarbeiter, dafür kamen siebzehn Jahre später die, die man »Gastarbeiter« nannte.

Ich lernte in Hamburg eine alte Frau kennen, die als Buchhalterin auf der Werft gearbeitet und in der Kriegszeit die Massen von Fremdarbeitern jeden Tag vor Augen hatte. Jeden Tag sah sie die ausgemergelten Gestalten, sie selber versah unauffällig ihre Arbeit. Dann war der Krieg zu Ende, sie aber arbeitete weiter unauffällig als Buchhalterin, angepasst, diszipliniert und zuverlässig. Wie viele Frauen ihrer Generation blieb sie unverheiratet. Ich lernte sie kennen, als sie schon hochbetagt war. Sie wusste um meine Herkunft, sie war freundlich, sehr deutsch, und sie war der Auffassung, dass, wer als Gastarbeiter käme, irgendwann gefälligst seine Sachen zu nehmen habe und mit einem Dankeschön zu verschwinden habe. Ansonsten sollten sich die, die als Gastarbeiter gekommen waren, eben anpassen. Das sagte sie 1985.

Die BRD war 1961 gerade mal zwölf Jahre alt. Die Mauer in Berlin wurde gebaut. Der westdeutschen Industrie und Wirtschaft fehlten nun die jungen Arbeitskräfte aus dem Gebiet der DDR, die als Flüchtlinge kamen. Damals begann die Zeit der Anwerbungen von Arbeitskräften aus Europa, auch aus der Türkei. Wenig später war mein Vater in Deutschland. Für dreißig Jahre.

Der Anblick der sogenannten Gastarbeiter erinnerte an die alten Zeiten der Zwangsarbeiter und an die Schuld, die in den Seelen der Deutschen vergraben war. Die Ablehnung des Fremden erwachte wieder. Die Unfreundlichkeit war eine Abwehr, um sich nicht vor die Frage gestellt zu sehen: »Was war eigentlich damals meine Rolle, und hatte ich einen falschen Weg eingeschlagen?«

Die Gastarbeiter wie mein Vater verstanden die Unfreundlichkeit und die Botschaft darin sofort. Einige sagten sich: »Pass dich an, dann fällst du nicht auf. Mach alles richtig, dann hat man nichts an dir auszusetzen. Halte dich an die Vorschriften, sonst blüht dir was.« Sie arbeiteten noch mehr. Die Industrie und die türkische Regierung waren hoch erfreut über diese fleißigen Menschen. Sie schufteten und schafften, ohne zu mucksen, auch auf der Werft »Blohm und Voss«, unter Arbeitsverhältnissen, die die Deutschen nicht mehr bereit waren zu ertragen.

Was macht die Auswanderung mit einem Menschen? Er verlässt vertraute Menschen und die vertraute Umgebung. Das macht ihn unsicher und oft haltlos. Deswegen bleiben die Menschen wenigstens in der ihnen vertrauten Kultur zusammen. Ich erfuhr, dass im 19. Jahrhundert massenhaft Deutsche – überwiegend Bauern und Landarbeiter – nach Amerika auswanderten, getrieben von der Not und Enge in der alten Heimat. Ich hatte gelesen, dass es regelrechte Siedlungsgebiete der Deutschen in den USA gibt, die Kleinstädte dort tragen Namen wie Städte in Deutschland. In den Siedlungen in Chile, Argentinien und Brasilien leben ihre Nachfahren noch immer in den Kirchengemeinden, die sie gegründet hatten. Sie kochen immer noch deutsche Gerichte, singen ihre Lieder, heiraten unter sich. Das ist nicht schlecht, das ist verständlich, ich kenne diese Haltung. Familie ist Heimat. Für mich war das vor allem die Großmutter:

Meine Großeltern lebten als Nomaden in den Bergen und wohnten in einer Art Höhle mit offenem Feuer. Das Feuer gab der Höhle Licht und Wärme. Oma erzählte, wie schön der Raum mit dem offenen Feuer war. Eines abends hatten ihre vielen kleinen Kinder alle Hunger und schrien aus Leibeskräften. Ein Kind hing am Bein der Großmutter, eins hielt sich an ihrem Kleid fest und drei andere stritten sich. Der Großvater konnte ihr nicht beistehen, weil er die Tiere versorgen musste. Die hatten nämlich auch Hunger. Alle hatten Hunger und wollen auf der Stelle etwas zu Essen, also beeilte sich meine junge Großmutter.

Mein Vater war damals fünf Jahre alt, seinen drei Monate alten Bruder hatte sie sich mit einem Tuch gebunden vor den Bauch gebunden, so, dass er mit dem Rücken an ihrem Bauch lag und mit dem Gesicht in die Welt schaute. Da der Raum schön warm war, hatte sie ihm keine Windeln angelegt. Das wollte sie später machen. Sie stand am Feuer, der Topf über der Feuerstelle roch gut und sie hatte die Kelle gerade in die Suppe gesteckt, da pinkelte der Säugling, direkt in die Suppe. Sie schaute sich um. Ach, was soll ich jetzt tun? Ich kann doch nicht noch eine Suppe zaubern? Gott sei mir gnädig, Hızır sieht meine Not.

Sie tischte die Suppe mit reichlich selbstgebackenem Brot auf, alle aßen mit Genuss. Ihrem Säugling gab sie die Brust und schaute mit Tränen in sein schönes Gesicht. Dem Großvater, der sich den Schnee von Schuhen und Mantel klopfte, erzählte sie, was vorgefallen war. Ach, sagte Großvater, ein Säugling ist ja noch ein Engel, und unsere übrigen Kinder werden uns verzeihen. Er schaute auf den Säugling und sagte, der einzige, der die Pinkelsuppe nicht isst, ist unser Säugling. Beide mussten herzhaft darüber lachen. Die Großmutter hatte über viele Jahre deswegen ein schlechtes Gewissen und gab den Namen des Säuglings nicht preis. So soll es auch bleiben. Sollte man diese Geschichte einer alten deutschen Buchhalterin erzählen?

Im 19. Jahrhundert wanderte ein Drittel der jungen Männer Mecklenburgs nach Amerika aus. Im 20. Jahrhundert leerten sich die Dörfer in Ostanatolien. Viele gingen aus Not ins Ausland, andere aus Abenteuerlust, andere, weil sie sich von der Familie gekränkt fühlten. Die Motive waren unterschiedlich und blieben oft im Verborgenen. Woanders ist es vielleicht besser als hier, dachte man, und die Väter und Brüder machten sich auf den Weg, zogen los in die großen Metropolen der Türkei. Es galt jetzt, die eigene Zukunft in die Hand zu nehmen. Sie begannen Türkisch zu sprechen und benutzten seltener das Kurdische. Dann kamen die Werber aus Deutschland, und wieder machten sich die Männer auf den Weg. Entwurzelt waren sie ja schon.

Neue Dinge machen den Menschen erst mal Angst, und die muss kleiner werden. Dann erst kann man handeln, sich fühlen und an Sicherheit gewinnen. Man muss den halben Schmerz zurücklassen und den anderen Teil mitnehmen: Der halbe Schmerz blieb denen, die geblieben waren. Immerzu stellte sich die Frage: wie geht es euch in der Fremde? Sie war gewissermaßen das schlechte Gewissen der in der Heimat Gebliebenen.

Die Gegangenen aber mussten versuchen, mit ihren eigenen Erwartungen an sich und den Erwartungen und Wünschen der anderen zurechtzukommen. Die Enttäuschung war für viele unausweichlich. Zu glauben, man könne gegen den Akkord der Maschine arbeiten, das Pensum erfüllen und anschließend eine Pause machen – wie ein Pferd, dass sich ja auch erholen muss, – so ist es leider nicht mit den Maschinen. Einige dachten sogar, wenn ich noch schneller arbeite, werde ich schneller fertig, das funktionierte auch nicht. Erst wenn der Feierabend eingeläutet wurde, war man mit der Arbeit fertig. Und siehe da: Am nächsten Morgen stand die Maschine schon wieder bereit. Das waren nicht gerade die Voraussetzungen, um gesund zu bleiben und sich in die Gesellschaft einzugliedern.

Die in der Gewerkschaft organisierten Menschen versuchten ihr Bestes, da nun immer mehr Arbeiter Ausländer waren. Sie sollten sich organisieren und für ihre Rechte kämpfen. Dieses Brot würde sogar für die nächsten Generationen reichen!

Es heißt ja, nach drei oder sieben Generationen wird alles wieder besser. Schmerz und Leid werden als Erbschaft weitergegeben. Nicht nur Geld oder Besitztümer, auch Leid, Verlust, Tabus, Hoffnungen. Das aber macht wieder zuversichtlich, dass über die Zeit sich vieles auch zum Guten wenden kann. Es braucht Zeit, damit etwas Neues entsteht, das alte Wunden verheilen. Ich sehe das, wenn die nächste Generation Erfolg hat und einen anderen Blick auf die Dinge bekommt als die Eltern oder Großeltern. Es gibt immer Menschen, die einen Weg anlegen, der für die nachfolgende Generation begehbar ist. Ihr positiver Ansatz resultiert daraus, dass bereits andere vor ihnen für ihre Belange gekämpft haben. Die Ernte sollte aber auch eingeholt werden.

Einer muss nur damit anfangen. Wenn so viele junge Männer aus Einwandererfamilien mit Delikten wie Drogenmissbrauch straffällig werden, sollte man hinschauen: wo sind denn die Väter dieser jungen Männer? Sind sie Vorbilder? Oder sind sie arme, schwache Männer, die nicht mehr an sich glauben und aufgegeben haben? Kindern kann man nichts vormachen, sie sehen ganz genau hin und erkennen die Schwächen der Eltern, sie spüren, wenn der Vater schon seit langem nicht mehr das Familienoberhaupt ist und keinen anderen Weg gefunden hat, eine neue, gute, gesunde Vaterrolle auszufüllen. Die Mutter versucht alles, aber immer das gleiche. Sie sehen keine Alternativen, es gibt kein Netz, dass die Menschen auffängt. Alles ist neu, und vieles hat sich verändert.

Manche Kinder, die in der Türkei zurückgelassen wurden, erkannten ihre Eltern nicht mehr, wenn diese nach Jahren zu Besuch kamen. Das Leben wurde zum Kampf um Zuneigung und gegen die Ablehnung. Warum habt ihr mich allein gelassen? Warum habt ihr die anderen Geschwister mitgenommen und mich hier gelassen? Aus dieser Trauer und Wut entflammten heftige Auseinandersetzungen. Wie wichtig bin ich für dich? Wie wichtig seid ihr für mich? Würden sie mich mögen, hätten sie mich auch mitgenommen. Viele Verletzungen entstanden, wenn die Familien geteilt wurden. Die Arbeiter mussten ihre Kinder bei Verwandten lassen. Dann lebte der Mann mit einer traurigen, immerzu weinenden Ehefrau in Deutschland, die große Sehnsucht nach ihren Kinder hatte. Der Mann sehnte sich ebenso nach seinen Kindern, aber er zeigte es nicht.

Die Frauen verdienten auch, wurden sich ihrer Wünsche bewusst und äußerten offen ihre Ansprüche. Sie arbeiteten ebenso schwer wie ihre Ehemänner und Brüder, und sie wollten im Hier und Jetzt leben. Doch das Geld sollte gespart werden. Es sollte nicht mal fürs türkische Kino ausgegeben werden. (Das gab es recht früh für die Immigranten in der BRD, als Vormittags- und Mittagsprogramm. Abends wurden die Vorstellungen für das deutsche Publikum gegeben.) Wie bei deutschen Ehepaaren war das Geld oft genug Anlass für Streit. Wer gibt mehr aus? Wer ist knausrig? Wir sind doch nur für kurze Zeit in Deutschland, danach kehren wir zurück, so sagten viele. Was willst du dich hier einrichten und neue Sachen anschaffen? Anschaffungen sind für die Heimat.

Nur: mit der Zeit veränderten sich die Menschen in der alten Heimat, und die Migranten veränderten sich ebenso, ohne sich dessen bewusst zu werden. Aus der Heimat hörten sie, bleibt bloß, wie ihr seid, bleibt Türken, mischt euch nicht ein. Von den

Deutschen hörten sie, ihr bleibt nur unter euch und ändert euch kein bisschen. So wollen wir euch nicht haben. So nahm das Dilemma seinen Lauf. Was besonders perfide war: die Teilhabe wurde strukturell durch die prekären Bedingungen verhindert. Man warf den Immigranten vor, dass sie sich nicht integrierten, tat aber alles, damit dies nicht passierte. Warum? Weil man sie wieder loswerden wollte. Ich fordere vieles von dir, schaffe aber nicht die Möglichkeiten, dass Du die Forderungen erfüllen kannst. Na, dann eben nicht, war die Antwort der anderen Seite. Natürlich waren viele Menschen aus der Türkei an Kultur interessiert. Viele waren jung, belesen und kulturinteressiert. Viele kannten Goethe und Schiller schon aus der Türkei. Auch die Türkei ist und war reich an Kultur. Viele hätten sich in der BRD mehr an Kultur und Begegnung gewünscht. Es schmerzte viele, dass sie nur als Arbeitskraft gesehen wurden. Begegnungen fanden nur auf sachlicher Ebene statt, das ist in der Türkei anderes. Es gilt, erst eine Beziehung zum Gegenüber herzustellen. Zum Beispiel mit der Frage: Wie viele Kinder haben Sie? Fotos von den eigenen Kindern werden gereicht. Meist beim ersten Aufeinandertreffen am Arbeitsplatz. Das wiederum war für die Deutschen befremdlich. Warum fragt jemand mich nach meinen Kindern?

In den reichen Ländern haben Menschen über Generationen gelernt: Brauche ich Unterstützung, gehe ich zu einer staatlichen Stelle, da wird mir wahrscheinlich auch geholfen. In Ländern, wo es diesen Wohlstand nicht gibt, läuft alles über persönliche Beziehungen. Das gibt es auch in wohlhabenden Ländern, dort aber dezenter. Prompt entsteht auf beiden Seiten ein Unbehagen. Menschen aus der Türkei wollen erst mal Nähe herstellen, sich Gewissheit über und Vertrauen ins Gegenüber verschaffen. Aus der Heimat weiß man, dass man einander vielleicht noch einmal braucht und helfen soll. Zudem gebietet dies die Höflichkeit, man nimmt das Gegenüber als Menschen wahr. Persönliche Beziehungen geben Sicherheit. Das deutsche Gegenüber aber möchte die Sachlichkeit und meidet die Bindung.

Und doch gab es auch viele schöne Begegnungen. Jugendliche, die sich in der Schule, in der Lehre, bei der Arbeit, auf der Straße, in der Nachbarschaft kennen und lieben lernten. Eine Zeitlang waren Straßen- und Nachbarschaftsfeste eine gute Gelegenheit dafür. Damit fingen oft zugleich die nächsten Probleme an. Den jungen verliebten Deutschen sagte man, pass bloß auf, die Türken tolerieren nicht, dass ihre Töchter mit Deutschen zusammen kommen. Da hast du gleich ein Messer im Rücken. Manche ließen es darauf ankommen und schafften es, ihre Liebe zu heiraten, manche wollten dann doch lieber kein Messer im Rücken haben. Viele deutsche Frauen waren so mutig, es zu versuchen, manche haben Familien gegründet und sind glücklich mit ihren türkischen Partnern. Wahrscheinlich kann man Vorurteile erst dann besiegen, wenn man sich auf den anderen einlässt und dabei merkt, wo und wie viele Schubladen und Denkbarrieren existieren. Auch bei einem selbst. Was sollen die Nachbarn denken, was die Verwandten? Was sollen wir mit einer türkischen Schwiegertochter? Das gibt doch nur Ärger, die sind doch ganz andere als wir. Ja, dass das Anderssein gut und richtig ist, kam erst später an, als klar war, dass auch die dritte Generation bleiben wird und ein Teil dieses Landes ist. Sie waren da und wurden wahrgenommen, und sie zeigten sich. Man kehrt nicht so einfach zurück. Entweder tut man es nach ein paar Jahren tatsächlich – oder man bleibt für immer.

Ich wünsche mir mehr Begegnungen der Kulturen und Sprachen, Feiern, ein offenes Voneinanderlernen und gegenseitige Bereicherung. Nur so können Vorurteile an Ort und Stelle abgelegt werden. Die Deutschen sind nicht alle gleich, die Menschen aus der Türkei eben so wenig. Wenn fünf Frauen vor mir sitzen, sind diese völlig verschieden in ihren Charakteren und Weltanschauungen. Ich hätte große Schwierigkeiten, sie alle als gleich anzusehen.

Die Frauen aus der Türkei haben versucht, die Familien zusammenzuhalten, mit viel Mühe, sie haben aus Stroh Gold gesponnen, dazugelernt und waren offen für Neues. Sie haben sich sowohl den Respekt der Menschen hier als auch in der alten Heimat verschafft. Die nächsten Generationen – der Deutschen wie der anderen – werden auf jene Menschen, die damals ausgewandert waren, mit Bewunderung schauen.

Aus ein paar Jahren wurden viele Jahre: das war mein Leben in Berlin. Die Werbetafeln von Osram bis Nivea beeindruckten mich. So viele Farben auf den Fassaden. Die alten Menschen in Berlin waren farblos, die jungen Hippiefrauen dafür umso bunter und lustiger mit ihren engen Schlaghosen, gelbgrünen Blusen und den langen Haaren. Sie gefielen mir. In den türkischen Metropolen liefen die jungen Frauen genauso herum. Etwas dezenter, aber der Geschmack war sehr ähnlich.

In Berlin gab es viele alte, alleinstehende, einsame Frauen. Sie gingen Tag für Tag ein paar Mal mit ihrem Pudel spazieren. Die Neuköllner Frauen von 1969 waren grau in grau angezogen. Sie schienen eine Menge Zeit zu haben. Sie sprachen uns Kinder oft an, weil wir ebenso viel unterwegs waren wie diese Frauen. Wir spielten draußen Ball oder sprangen Seil. Dabei schauten wir auf die Häuserfassaden und zählten die vielen Einschusslöcher an der Wand. Wir sprachen noch kein Deutsch und verstanden die Frauen nicht. Sie zeigten trotzdem Interesse an uns.

Sie mochten besonders mich. Da mein Vater tagsüber bei der Post arbeitete, war ich auf mich alleine gestellt und musste auf mich selbst aufpassen. Oft luden mich die kurdischen Nachbarinnen zum Essen ein. Ich ging auch zu meinem Onkel und dessen Frau zum Essen. Mit den einsamen deutschen Frauen hatte ich Mitleid, sie sprachen mit ihren Pudeln, als wären diese Menschen. Das sind doch Hunde, dachte ich. Die Frauen luden mich zu sich nach Hause ein. Mit Zeichen machten sie sich verständlich. Sie führten ihre Hand zum Mund und taten, als ob sie aus der Tasse trinken würden. Das verstand ich. Mein Vater erlaubte es mir, und so war ich zum nächsten Tag eingeladen.

Wir lebten in einer Dreizimmerwohnung. Die Nachbarin wohnte im fünften Stock. Sie hatte trug Lockenwickler und eine kleine Haube auf dem Kopf. Ihre Augen waren klein und freundlich. Ich ging mit ihr die vielen Treppen hoch, sie schloss die Tür auf. Ich zog meine Schuhe aus, sie schaute mich verwundert an. Sie selbst trug ihre Puschen sogar auf der Straße. Ich solle doch meine Schuhe anbehalten, so in etwa verstand ich sie. Ich ging auf Socken hinein und war erstaunt, dass der Tisch gedeckt war. Es gab Tee in hübschen Teetassen, dazu Kuchen, der nach Butter schmeckte. Und für mich lag noch eine Schokolade neben dem Gedeck. In der Wohnung war alles in grün und braun. Die Gardinen grün, der Teppich braun, die Weste der Frau in schickem Grün, dazu ein brauner Rock, die Vitrine braun, die Gläser darin grün. Die Sesselgarnitur in Braun. Ich stellte mich ans Fenster und mir wurde ganz schwindlig vom Blick in die Tiefe. Die schwere Gardine mit den grünen Pflanzen auf der Fensterbank versperrte mir fast den Blick in den tristen Hinterhof mit den vielen Mülltonnen aus Blech. Dort gab es die Teppichstangen, die wir Kinder immer versuchten zu erklimmen mit dem Resultat, dass böse Nachbarn uns Schilder zeigten, auf denen es hieß: Spielen im Hof ist verboten. Die Hinterhöfe waren so dunkel, dass keine Pflanze sich traute, sich dort anzusiedeln. Vor unserem Fenster hatten wir Plastikblumen, die mein Vater regelmäßig unter laufendes Wasser hielt, um sie zu säubern.

Lieber hätte ich eine braune Schokolade bekommen als die tiefdunkle Bitterschokolade. Ich sagte ein »Vielen Dank« auf. Mehr Deutsch konnte ich noch nicht. Die Frau gab sich viel Mühe mit mir. Der Pudel schlief wie ein Kind in einem Körbchen. So lernte ich die Einsamkeit der Berliner Frauen kennen. Sie zeigten

mir Fotos von ihren im Krieg gefallenen Männern und sagten immer das eine Wort »Russland«. Diese Frauen waren sehr still.

Meine türkisch-kurdischen Freundinnen in der Straße fragten, »Wie kannst du nur diese bittere Schokolade essen?« Viele arme kurdische Familien suchten ihr Glück in der BRD. Sie kamen aus den verlassenen Dörfern Ostanatoliens. Ich sagte ihnen, dass ich sie auch nicht mag, aber diese Frauen schenken mir immer diese Bitterschokolade. Sie kümmerten sich über die Jahre gut und liebevoll um mich. Ich hatte bei ihnen ein gutes Gefühl, ich bekam etwas, von dem ich in Istanbul reichlich hatte: Nähe und den Umgang mit Frauen. Die Sehnsucht nach meiner Mutter und das Heimweh nach Istanbul aber blieben mein Geheimnis.

Meine Freundinnen machten um die alten Frauen ein großen Bogen. Sie fanden sie zwar nett, mehr aber auch nicht. Wir wunderten uns, dass diese Frauen keinen Besuch bekamen, auch nie etwas anderes taten, als mit ihren braunen oder grünen, schon etwas verschlissenen Einkaufstaschen zum Einkaufen zu gehen. Manchmal sogar mit Lockenwicklern und in Hausschuhen. Später, als ich besser deutsch sprach, fragte ich sie, ob sie keine Kinder hätten. Nein, Kinder hatten sie nicht, oder sie waren im Krieg gestorben. Wie traurig, dachte ich, der Mann im Krieg gefallen, und dann stehen diese Frauen ganz alleine da. Lange wurde ich öfters von diesen Frauen zum Tee eingeladen.

Es gab da ein altes Ehepaar, das mich sehr mochte. Beide waren ganz klein und sehr sympathisch. Sie hatten nur zu mir Kontakt, sonst zu keinem Menschen im Haus. Meinen Vater fragten sie sehr höflich, ob ich ab und an zu ihnen kommen könne. Mein Vater sagte, das sind sehr nette ältere Menschen, wenn du Lust hast, dann darfst du sie besuchen. Mein Vater kaufte ein paar rote Nelken mit Schleierkraut, damit ich diese als Gastgeschenk mitnehme.

Meine Mutter hatte immer gesagt, wenn man jemanden besucht, kommt man nicht mit leeren Händen. Das sei sehr unhöflich. Das hatte ich mir gemerkt. Ich hatte mittlerweile lange, kräftige schwarze Haare, die ich mir zu einem Zopf geflochten hatte. Es gab wildfremde Menschen, besonders im Bus, die meine Haare anfassen mussten. Das fand ich als Kind echt blöd und war irritiert. Sie grabschten einfach in mein Haar und sagten etwas, was ich nicht verstand.

Auch von den Nachbarn wurde ich im Treppenhaus wegen meiner schönen kräftigen Haare angesprochen. Aber sie griffen nicht danach. »Wie schön du aussiehst. Hättest du mal Lust, zu uns zu kommen?« Sie waren sehr nett. Wir Kinder trugen ihnen die Taschen nach oben. Den Respekt vor älteren Menschen hatten wir mit der Muttermilch eingesogen. Nachdem ich Vertrauen gefasst und das nette Paar kennengelernt hatte, fragte ich sie, warum sie an ihrer Tür unter dem Klingelknopf zwei verschiedene Namen standen. »Weißt du, Gül, wir heirateten nicht, weil wir beide Witwenrente beziehen. Würden wir heiraten, dann wäre sie weg, die Witwenrente. Wir waren in unseren jungen Jahren schon mit anderen Partnern verheiratet, deswegen beziehen wir Witwenrente.« Aha, dachte ich, so geht es wohl auch, unverheiratet zusammen zu leben. Ich überlegte, ob sie mir auch unverheiratet sympathisch waren. Ja, die Sympathie war immer noch da. Also machte ich mir keine weiteren Gedanken über das Thema. Nur hatte ich das Gefühl, das alte Paar hätte etwas zu verheimlichen. Ich kannte das Gefühl aus meiner eigenen Familie. Es wurde über vieles gesprochen, aber manches blieb im Verborgenen. Später erzählten mir die beiden, dass Hitler ein schlimmer Mörder sei. Von dem hatte ich immer als dem Nazi gehört. Dieser hässliche Mann mit der finsteren Geschichte und seinem Bärtchen. Mit dem Paar konnte ich über meine Sorgen und Nöte sprechen. Sie hatten immer Zeit für mich und beschenkten mich mit Spielzeug und Bonbons, stets aber in Maßen. Ich mochte sie sehr und zeigte offen meine Sympathie. Beide mochten mich ebenso und behandelten mich wie eine erwachsene Person. Ihre Wohnung war gemütlich, hatte drei Zimmer mit schönen Bildern an den Wänden. »Es ist gemütlich.« Das Wort lernte ich schnell. Sie hatten eine Couchgarnitur. Auf der saß ich immer alleine, meine Gastgeber nahmen immer die gleichen Plätze auf den Sesseln ein, sie links, er rechts. Sie meinten, so könnten sie besser hören. Beide hätten genauso gut als Schwester und Bruder durchgehen können. Die gleiche Größe, die gleichen Bewegungen, das gleiche Verhalten.

Ich glaube, sie atmeten sogar im gleich Takt. Sie tischten Tee und Gebäck auf, den besten Käsekuchen von ganz Neukölln. Zuerst verstand ich nicht, warum ein Käsekuchen süß sein sollte. Wir machten alles mit Käse, aber doch keinen Käsekuchen. Nachdem ich ihn probiert hatte, aß ich ihn genussvoll.

Die Nachbarn über uns waren zwei böse Menschen, das hatten wir gleich zu spüren bekommen. Sie grüßten uns nicht und schubsten uns Kinder aus dem Haus, wenn der Vater nicht dabei war. Wir seien zu laut und sollten aus dem Weg gehen. Wir mochten sie nicht. Wenn sie laut Plan den Flur zu putzen hatten, taten sie das nicht. Und wenn wir dran waren, meckerten sie, dass es nicht sauber genug sei.

Eines Tages verlor Vater Geduld und Höflichkeit und schimpfte mit ihnen. Die bösen Nachbarn gaben uns manchmal einen Schubs, und wir rächten uns, indem wir, wenn der Vater nicht da war, mit dem Besenstiel an die Wohnungsdecke zu donnern. Leider bemerkte der Vater die Spuren an der Decke und verbot solche Aggressionen. »Ja, aber die klopfen doch auch mit dem Besenstiel«, sagten wir.

Manche der Frauen gingen in ihren Schürzen einkaufen, das fand mein Vater ziemlich ordinar. »Wir sind in Europa«, sagte er, »man sollte sich auf der Straßen zivilisierter zeigen.« Im vierten Stock wohnte ein junges blondes Paar, das einen Sohn von etwa fünf Jahren hatte. Wie die Eltern mit dem Jungen umgingen, gefiel mir. Sie sprachen liebevoll mit ihm und gingen auf der Straße Hand in Hand, der Junge in der Mitte sah glücklich aus. Sie hatten andere Klamotten als wir. Die sah viel hübscher aus, sie kleideten sich teurer. Ich bewunderte sie.

Jeden Abend durfte ich noch halbe Stunde fernsehen. Winnetou und Pan Tau waren genau das Richtige für mich, weil Pan Tau – so wie ich – nicht sprach und Winnetou auch nur das Nötigste sagte. Das gefiel mir, die beiden waren meine Helden. Wir hatten einen Schwarzweißfernseher. Ich mochte die Westfilme nicht. Die waren mir zu hektisch und zu oberflächlich. Die DDR- Sendungen gefielen mir besser, weil es dort um Menschen und deren Schicksale ging. Ich mochte den Film

»Jakob der Lügner«, der von Menschlichkeit und Klugheit, Humor und Freundschaft unter den gequälten Juden im Ghetto handelt. Erwin Geschonneck und Manfred Krug, auch andere DDR-Schauspieler waren mir nicht fremd. Der DEFA-Film »Nackt unter Wölfen« hatte mich richtig mitgenommen. Das süße kleine Kind zu verstecken, obwohl darauf die Todesstrafe stand. Erwin Geschonneck spielte, als wäre er wirklich dabei gewesen, so dachte ich. So echt und wahrhaftig. Tagelang beschäftigte mich dieser Film. Auch von »Paul und Paula« war ich begeistert. Bis ich neunzehn war, schaute ich DDR-Fernsehen. Im Westfernsehen sahen wir uns nur die Zirkusaufführungen an, von der Akrobatik bis zur Löwendressur.

Eines Tages lernte ich auf der Straße ein anderes Mädchen aus der Türkei kennen und besuchte sie zu Hause. Ich war ein Schlüsselkind, an meiner Hose hing ein ganzes Schlüsselbund. Das brachte mir die Achtung der anderen ein, denn ein Schlüsselbund bedeutete Unabhängigkeit. Wenn wir ein fremdes Kind erblickten, schauten wir ganz genau hin, ob es eines von uns war. »Das ist mein Onkel«, stellte sie mir einen jungen verängstigten Mann vor. Sie meinte, dass der Onkel Angst vor dem Militärdienst hätte und deswegen desertiert sei. Ich entgegnete, das darf er doch nicht, dann ist er ein Verräter. »Ach, du hast keine Ahnung, so ein Blödsinn, was du da sagst!« Ich schaute verstohlen den jungen Mann an und fand ihn unheimlich.

Da sich in Berlin mehrere Häuser einen Hof teilten, gingen viele Nachbarn durch unseren Hausflur. Wir lernten Hippies kennen, mit langen Haaren, Männer und Frauen. Von hinten wussten wir oft nicht, ob es sich um eine Frau oder um einen Mann handelte. Sie trugen Schlaghosen und bunte Blusen. Die Hippies mochten uns und wir sie. Auf der Straße liefen sie immer zu fünft oder mehreren. Sie hatten oft Besuch, waren lebhaft und laut, aber immer sehr freundlich zu uns. Sie wurden genauso schief angeschaut wie wir Ausländer.

Wie die Leute aus der Türkei, dachten wir. Sie saßen auf den Wiesen und machten Picknick wie wir. Unser Vater meinte, manche türkische Frauen übertreiben es, die setzen sich mitten auf die Straße, sobald es etwas Grünes zu sehen ist. Mein

Vater war Sozialdemokrat. Er liebte Willy Brandt, der Berliner Bürgermeister wurde, und wir auch. Mein Vater mochte auch Bundesaußenminister Walter Scheel. 1973 sang Scheel im Fernsehen »Hoch auf dem gelben Wagen«. Mein Vater war irritiert, wie kann sich eine Autorität so aufführen. Wenn er singt, wird ihn kein Mensch mehr ernst nehmen. Einen Moment später sagte er, »Menschenskinder, der Mann hat wirklich eine gute Stimme! Und er biedert sich nicht an. Ein toller Kerl. Außerdem haben wir bei der Post auch gelbe Wagen. Er ist sozusagen einer von uns.« Wir mussten lachen.

Die Hippies wohnten im Hinterhaus. Sie hatten zwei Jungen in meinem Alter. Ich fand die Kinder der Hippies viel selbstbewusster als uns. Sie trugen schöne grüne T-Shirts und kurze Hosen. Ich zog am liebsten meine blaue Jungshose an. Ich habe sie geliebt. Denn ich wollte eigentlich lieber ein Junge sein. So hatte ich wenigsten etwas von einem Jungen und machte alles, was die Jungs taten, nach.

Daneben aber gab es die Rocker, mit Lederhosen und Nieten an der Weste, und mit mindestens sechs Schäferhunden. Vor den Rockern hatte ich Angst, sie waren es oft, die uns böse anschauten. Ihre blau tätowierten Arme fanden wir hässlich. Die Rockerfrauen schienen auf Droge zu sein. Sie tranken Schnaps auf offener Straße, und ihre Arme waren genau so hässlich wie die der Männer. Die Straße waren von ihren Hunden so verdreckt, dass wir immer Angst hatten, in die Scheiße zu treten. Komisch, dachten viele Türken, die Straßen sind frei von Müll, aber die Köter scheißen dir mitten auf der Straße auf die Schuhe. Sehenden Auges führten diese Leute ihre Hunde zum Scheißen. Die Schäferhund-Berliner waren so aggressiv, dass wir alle Angst vor diesen Menschen und ihren Hunden hatten. Ich mag bis heute keine Schäferhunde. Dass ich bald schon die Tochter einer Rockerfamilie zur Freundin haben würde, konnte ich mir nicht vorstellen. So lernte ich früh: Wenn man eine Person mag, interessieren die eigenen Vorurteile und die der anderen nicht mehr. Denn nun verteidigte ich meine deutsche Freundin aus der Rockerfamilie. Die Familie war nett zu mir, nur die Hunde nicht. Die Hunde waren so groß, dass ich ihnen direkt in die

Augen schauen konnte. Meine Freundin meinte, ich solle das lieber bleiben lassen.

Und dann waren da noch die ganz alten Männer, die nur ein Bein oder keine Beine oder nur einen Arm oder ein halbes Gesicht hatten. Sie schubsten uns Kinder, wenn sie uns erwischten. Sie lebten alle allein, wie es schien, und sahen finster und böse aus. In den Doppeldeckerbussen waren es die Fahrkartenschaffner oder die Busfahrer, die uns anschrien oder im Befehlston herumkommandierten. Mein Vater sprach immer höflich und besonnen zu diesen Menschen, aber uns war schon bewusst, dass sie uns wie Menschen zweiter Klasse behandelten. Mein Vater meinte, dass Willi Brandt schon für unsere Rechte kämpfen würde. Die Leute bei der Post waren straff organisiert, und mein Vater hatte unter den Kollegen und bei der Gewerkschaft einen guten Ruf. Er vermittelte zwischen seinen Landsleuten und dem Vorarbeiter. Oft erzählte er lustige Geschichten von der Post. Ihr glaubt nicht, was die Leute alles mit der Post schicken. In einem Päckchen waren sogar mal kleine Vögel, die wir retten mussten. Die hatten kaum Luft zum Atmen.

Bald lernte ich unsere Nachbarin Hildegard kennen. Hildegard, die wunderbare Torten backte, sich dabei aber ständig ihre zehn Finger ableckte. Davor ekelte uns. Mensch, Hildegard, wisch dir doch die Hände einfach unter laufendem Wasser ab. Es ging für mich nicht zusammen, wie sie so eine begnadete Kuchenbäckerin sein konnte und dann in dieser Art ihre Hände benutzte. Sie schwärmte ständig von ihrer BDM-Zeit und trug immer noch weiße Socken zu den Schuhen. Sie trug sorgfältig toupierte Haare und war, was die Frauenemanzipation anging, nicht auf den Mund gefallen. Ihre Wohnung war aufgeräumt und sauber. Nur die Sache mit den Torten befremdete mich. Hildegard war lange Jahre eine Freundin des Hauses. Manchmal durfte ich bei ihr übernachten. Wir machen es uns dann gemütlich, wie sie zu sagen pflegte. Sie bereitete das Abendbrot, das dann tatsächlich auch ein Abendbrot war. Wenn bei uns zu Hause abends gegessen wurde, dann gab es eine warme Mahlzeit, Fleisch und Gemüse, und wenn Freunde oder Verwandte kamen, gleich mehrere Gänge. Ich fragte sie in der Küche, »Hildegard, werden wir denn von Brot satt werden?« »Natürlich, dazu gibt es Käse und Gürkchen.« Sie trank aus einem Glas Weißwein, und ich bekam Cola. Dann schauten wir einen Schlagerfilm. Ich sagte, ich sehe gerne »Ein Kessel Buntes«, woraufhin sie lachte. Ich fand die Tänzerinnen mit den langen Beinen und den Federboas so schön. Später wurde ich ein Fan von Nina Hagen. Die war super angezogen und so frisch und jugendlich. Ich mochte auch Eva Maria Hagen. Dass sie Mutter und Tochter waren, erfuhr ich erst viel später. Ich vermisste meine Mutter, meinem Schmerz konnte und wollte ich niemandem zeigen.

Mein Vater sagte immer, der Berliner Kachelofen ist eine ausgezeichnete Erfindung. Man öffnet die kleine Tür im Ofen und stellt darin das Essen warm. Wenn wir die Kohlen mit einem gusseisernen Behälter holten, ging mit mir immer die Angst in den Kohlenkeller. Es war dunkel dort und roch nach Moder und Kohlenstaub. Ich lernte, wie man den Ofen anmacht und vor allem, dass man stets darauf achten muss, dass immer etwas Glut bleibt, um nicht zu viel Arbeit mit dem Anheizen zu haben.

Vor dem Krankenhaus hatten fast alle Türken Angst. Diese merkwürdigen Besuchszeiten im Krankenhaus waren so verrückt, dass viele vor den Kopf gestoßen waren, wo sie doch ihre kranken Kinder so oft wie nur möglich besuchen wollten. Das aber klappte selten, weil sie es oft überhaupt nicht schafften, rechtzeitig zu den Öffnungszeiten da zu sein. Also gab es oft Ärger mit den Krankenschwestern. Mit meinen neun Jahren versuchte ich zu übersetzen. Die Besucher fühlten sich nicht verstanden, und tatsächlich waren die Sprachbarrieren hoch. Manche Ärzte holten dann die türkischen Putzfrauen zum Dolmetschen, doch die Ärmsten konnten die Sprache auch nicht besser. Diesen Krankenhausputzdolmetscherfrauen sollte man den Orden für Völkerverständigung verleihen. Was sie geleistet haben, war unglaublich. In Schichtarbeit putzten sie mit schwerem Gerät, ertrugen die Vorarbeiterin und die Krankenschwestern, die sie massiv kontrollierten und oft genug herumkommandierten. In einigen Krankenhäusern gab es aber auch Solidarität und einen besseren Umgang, von der Ärzteschaft wie auch der Schwesternschaft. Manche Chefärzte behandelten ihre Mitarbeiter mit Respekt und Mitgefühl, so erzählten es uns viele Frauen von ihrer Arbeit.

Dann lernte ich ein junges kurdisches Paar kennen. Die hatten ihre zwei kleinen Kinder in der Türkei zurückgelassen, die die Großmutter zu sich genommen hatte. Dieses Paar arbeitete in einer Schokoladenfabrik. Beide waren innerhalb kürzester Zeit dermaßen kränklich und ausgelaugt, dass ich ihnen Essen vorbei brachte. Beide hatten die Lust am Leben verloren. »Diese Arbeit ist so schlimm«, sagten sie. »Erst wird die Schokolade erhitzt, dann ins Kühlhaus gebracht, dort herrschen ganz andere Temperaturen. Ach, was machen wir hier nur.« Ständig wurden sie krank, weil sie permanent wechselnden Temperaturen ausgesetzt waren. Als sie mir die Tür aufmachten, hatten beide ganz viele Pickel im Gesicht. »Ich werde niemals wieder Schokolade essen«, sagte der junge Mann. »Was? Ihr könnt soviel Schokolade essen, wie ihr wollt? Das ist doch traumhaft«, entgegne ich. »Gül, irgendwann vergeht einem der Appetit auf Schokolade. Jeden Tag acht Stunden Schokolade, die interessiert dich dann nicht mehr.« Die beiden aßen etwas von dem, was ich ihnen von meinem Vater mitgebracht hatte, und saßen mit mir, bis es Zeit für mich zu gehen war. Beide waren so niedergeschlagen. Sie meinten, dass sie sich die Arbeit anders vorgestellt hätten. Sie wollten nur ein, zwei Jahre hier bleiben und dann wieder zu ihren drei kleinen Kindern zurück. »Uns bricht das Herz, dass wir unsere Kinder in der Türkei zurückgelassen haben.« Beide weinten. Ich habe seither keine düsterere Wohnung gesehen. Als ich die Wohnung betrat, war es draußen noch hell, doch innerhalb kürzester Zeit wurde auch für mich alles dunkel und grau. Am liebsten würden wir auf Deutschland pfeifen und wieder zurück gehen. Traurig ging ich nach Hause. An diesem Tag roch ihre Wohnung nach etwas anderem als sonst.

Die Schule war nicht allzu weit von unserer Wohnung entfernt. Ich kam in eine Klasse mit zweiundvierzig Kindern. Meine Lehrerin fand ich schön und adrett. Sie trug immer eine weiße oder eine dunkelblaue Bluse. An ihren Namen kann ich mich noch erinnern. Sie war nicht böse, nur völlig uninteressiert an vielen der Kinder. Neben mir gab es nur noch ein anderes türkisches Kind, einen Jungen. Ich verstand nicht viel. Am schlimmsten waren die Mathestunden. Da sollten wir alle aufstehen, und wer die Rechenaufgabe schnell aufsagen konnte, durfte sich hinsetzen. Ich blieb regelmäßig als letzte von der gesamten Klasse stehen. Das waren so schlimme Momente, dass ich mich dafür schämte. Zu meiner Lehrerin fand ich keinen Kontakt. In den großen Pausen aßen wir unsere Brote. Ich verstand nicht, warum die deutschen Mitschüler den anderen Kindern nichts abgaben. Ich teilte mein mitgebrachtes Essen. Das wiederum verstanden viele in der Klasse nicht.

Eine, die ich sehr mochte, war Frau H. Sie erkannte schnell, was in mir steckte, und förderte mich nach Kräften. Die Hauptschule war meine Rettung, auch dort hatte ich einen wunderbaren Lehrer, einen ehemaligen Polizisten – und ein Mann wie ein Fels in der Brandung. Zwei Meter groß, mit einem Herz aus Samt und Seide. Auch er glaubte an mich und forderte mich, damit ich vorankomme. »Mädchen, du hast was auf dem Kasten, mach was daraus.« Eines Tages sollte es auf Klassenfahrt gehen. Sämtliche Eltern erlaubten ihren Kindern die Klassenfahrt, nur mein Vater nicht. Der Lehrer meinte, »ich spreche mit deinem Vater, ich kann so was.« Ich entgegnete, da kenne er meinen Vater schlecht. »Ach ich mach das schon.« Dreimal kam er zu uns nach Hause, aber mein Vater blieb stur. So fuhren sie ohne mich. Ich musste für eine Woche in eine fremde Klasse gehen. Das tat mir weh. Ich sah aus dem Fenster, wie sie losfuhren, und dieses Bild trage ich immer noch wehmütig in mir. Nach Schulschluss ging ich zu dem Tante-Emma-Laden. Die Frau hinterm Tresen war nett zu uns Kindern und schenkte uns manchmal eine kleine Gummischlange. Tante-Emma-Läden waren stets gut organisiert, alles lief wie am Schnürchen. Die Dame war für die kleinen Einkäufe zuständig, der Herr bediente die Vielkäufer. Die Butter wurde abgewogen, das Brot scheibenweise verkauft. Das kannte ich bereits von den alleinstehenden Nachbarinnen.

Eine meiner Schulfreundinnen war ein dickes rothaariges Mädchen, sie war nett, dazu ziemlich lustig. Ich hingegen war dünn und hatte dunkle Haare. Wir konnten uns gut leiden. Eines Tages lud sie mich zu sich nach Hause zum Mittagessen ein. Sie wohnte in einer Vierzimmerwohnung in einer besseren Gegend. Die Treppen rochen nach Bohnerwachs, die Wohnung war hell, mit einer großen Essküche. Die Mutter öffnete uns die Tür.

So etwas kannte ich nicht. Ich hatte immer meinen eigenen Schlüssel, nur selten machte mir der Vater die Tür auf, da er auf Arbeit war. Die Freundin und ihre Mutter sahen fast gleich aus, wie zwei Schweinchen. Nur war die Mutter größer und noch dicker. Sie trug eine kurze rosafarbene Kittelschürze und bat mich in die Küche. Es gab Fischstäbchen mit Kartoffelbrei, dazu Gurkensalat und zum Nachtisch gab Schokoladenpudding. Ich freute mich über diese Einladung.

Als sich der Vater meiner Freundin vorstellte, war das Bild perfekt. Er sah genau wie seine Frau und Tochter aus. Rothaarig und sehr rund. Er machte einige lustige Bemerkungen, dann hob er den Kittel seiner Frau, ich sah ihren blanken Hintern, und auf diesen Hintern mit den dicken Backen gab ihr der Mann einen liebevollen Klaps, so dass die Frau aufschrie. Erst erschrak ich, zugleich war es auch so lustig. Alle lachten herzhaft.

Später hatte ich ein Rockerkind zur Freundin. Sie lebte mit den Eltern und sieben Geschwistern in einer Dreizimmerwohnung in der Sonnenallee, dazu sieben Hunde. Sie war sensibel und klug und lud mich zu sich ein. Aber ich fürchtete mich immer noch vor Hunden. Nur einmal war ich bei ihr. So viele Doppelstockbetten! In jedem Zimmer war alles voller Betten. Und die vielen großen Hunde! Ich fand, sie passte nicht hierher. Doch sie liebte ihre Familie und erzählte mir von ihren Sorgen. Sie sollten sich von ihren vielen Hunden trennen, das Jugendamt wollte es so. Sie meinte, die Hunde gehörten auch zur Familie. Das verstand ich, aber in dieser Enge gleich alle behalten zu wollen? »Uns gefällt es so«, meinte sie. Ihre Geschwister waren alle Mädchen, vom Säugling bis zum Teenager. Selbst die jüngeren Geschwister hatten die Schäferhunde voll unter Kontrolle. Ich war beeindruckt.

Oft gingen wir ins Rathaus Neukölln, um Paternoster zu fahren. Das taten wir leidenschaftlich. Es war spannend: man sah entweder zuerst die Füße oder den Kopf der im Paternoster Fahrenden. Manch einer verpasste den Absprung. Vor dem Rathaus die Blumen sahen fast wie geputzt aus. Im Karstadt am Hermannplatz gab es Autogramme von Rex Gildo und anderen Prominenten. Mein Vater hörte gern Schallplatten, besonders Heintje. Oder Freddy Quinn. »Junge, komm bald wieder.«

Mit dreizehn mussten mir die Mandeln herausgenommen werden. Der Berliner Smog war so schlimm, dass ich im Winter immer zwei, drei Monate krank war. Der Industriesmog aus der DDR zog ungefiltert herüber, alles stank und wurde noch grauer. Im Krankenhaus kam ich auf die Erwachsenenstation. Ich hatte Glück, die beiden Frauen im Krankenzimmer mochten mich und standen mir bei. »Hab keine Angst«, sagten sie, ich konnte sie kaum verstehen, weil sie so heiser waren. Sie hatten die Operation schon hinter sich. Ich wurde getätschelt, auch mein Vater fand die Damen nett. Immer, wenn er kam, brachte er auch ihnen ein kleines Geschenk. Ilse mochte ich besonders. Ich fragte sie, ob sie Kinder hätte. »Nein«, antwortete sie, »leider nicht.« Ihr Mann kam jeden Tag, er war sehr höflich und zuvorkommend. Nach der OP sollte ich viel Eis essen, das gefiel mir. Ilse wurde aus dem Krankenhaus entlassen, und als sie sich verabschiedete, sagte sie, »Gül, ich gebe dir meine Telefonnummer, ruf mich an! Ich würde mich sehr darüber freuen.« Tatsächlich telefonierten wir über zehn Jahre lang mindestens zweimal in der Woche, ohne uns jemals wieder zu sehen. Mit ihr konnte ich über alles reden. Sie sagte am Schluss unseres Telefonats immer, wie gerne sie mich hätte. »Tschüss, meine Kleine!« Mein Vater wusste von unserer Verbindung nichts.

Siemensstadt Berlin-Spandau
Arbeit in der Frauenfabrik

Mein Vater nahm mich von der Schule, ich sollte arbeiten. 1977 lernte ich von den Frauen bei der Akkordarbeit in Siemensstadt viel über das Leben und die Solidarität unter Frauen. Ich war gerade fünfzehn geworden, sah sehr jung aus. Alle dachten, ich sei erst dreizehn. Ich hatte nicht die kräftigste Statur, dafür aber einen starken Willen. Mein Vater sagte oft, nur weil du so zart warst, habe ich dich nicht geschlagen. Das war auch gut so! Gewalt war für mich etwas Schreckliches. Oft hatte ich als Kind in der Türkei gesehen, wie Eltern ihre Kinder schlugen. Wir wurden zu Hause nie geschlagen. Wenn ein Nachbarskind von seinem Vater vor unseren Augen geschlagen wurde, fühlte es sich an, als würde ich geschlagen, ich drehte genau so wie das geschlagene Kind meinen Kopf weg. Und sagte seinem Vater, »Ahmet Amca, bitte schlag ihn nicht mehr.« Wir Kinder wussten genau, in welchen Familien geschlagen wurde. Die Frauen hatten oft ein blaues Auge, sie taten mir leid. Viele Frauen wurden aber auch von ihren Männer auf Händen getragen. Ich kannte dort ein junges Paar, das keine Kinder bekommen konnte, die Frau war eine Schönheit. Ein Madonnengesicht unter kräftigem kastanienbraunes Haar. Er ein freundlicher, fröhlicher Mann. Ich ging zu ihnen, weil sie etwas ganz Besonderes für mich waren. »Komm, setzt dich, wie geht es dir«, fragten sie, »ach, hätten wir doch auch so ein Kind wie dich.« Ich fand die Idee gut, auch ihr Kind zu sein, natürlich nur für den Tag, an dem ich sie besuchte, denn sie kannten ja meine Mutter gut und mochten sie. Ich besuchte die beiden, endlich jemand, der auf mich wartete. Sonst waren bei uns alle Frauen schwer beschäftigt. Mit Wasserholen, Kochen, Putzen. Manchmal setzten sie sich einfach irgendwohin und unterhalten sich. Geredet wurde immer, weil die Frauen zusammen arbeiteten. Eine fegte den Flur, eine wischte nach, die eine zog die Betten ab, die andere bügelte im selben Zimmer die Laken. Oft ertönten lautes Lachen und Gesang. Es war immer etwas los bei uns.

Bei diesem Paar war alles schon gemacht, der Tisch gedeckt, kein Aufruhr in dem Haus, alles still und leise, was für ein Kontrast! Der Mann tröstete seine Frau, »mein Herz, wir werden noch Kinder bekommen, du wirst es noch erleben!« Sie verlor zusehends die Hoffnung. Eines Tages besuchte ich sie wieder, beide waren überglücklich und erzählten von der Schwangerschaft. Sie bekamen Zwillinge, zwei wunderschöne Söhne! Später noch eine Tochter. Sie hatten ein schönes Leben mit ihren Kindern. Immer, wenn ich nach Istanbul in den Urlaub fuhr, ging ich die Familie besuchen. Alle waren von einer Herzlichkeit und Belesenheit, überall in diesem bescheidenen Haus standen Bücher. Bücher sind still, dachte ich als Kind. Aber wenn Menschen Bücher lesen, sind sie nicht mehr so still. Sie sprachen mit ihren Kindern über die gelesenen Bücher und diskutierten über die Geschichte der Türkei. Die Kinder gingen in Istanbul auf die Universität. Sie waren bescheiden, aber willensstark und wollten etwas in der Türkei verändern. Ich weiß, das ein Sohn später aus der Türkei verschwinden musste, weil er politisch engagiert war.

Bei uns zuhause gab es keine Bücher, nur Erzählungen. Später erfuhr ich, dass Aleviten keine Bücher haben, sondern ihre Geschichte über das Erzählen weitergeben. »Warum haben die Aleviten keine Bücher«, fragte ich als Kind meinen Großvater. »Bücher musst du zurücklassen, aber deine Ahnen und ihre Geschichte nimmst du auf der Flucht einfach überallhin mit.« Die Aleviten wurden oft verfolgt und mussten in unzugängliche Regionen fliehen. Sie waren bekannt dafür, sich nicht unterordnen zu wollen.

Als Kind prügelte ich mich oft mit anderen Kindern, aber wir kämpften nur zu zweit miteinander, zu fairen Regeln. Wir schlugen uns manchmal richtig grün, blau und gelb. Es summten einem die Ohren, manchmal war der Schmerz nur kurz und tat für einen Moment sogar gut. Meist aber tat es einfach nur lange noch weh. Der Kopf hatte eine schlimme Beule, ein Zahn hing nur an einem Faden. Oder ich kam mit einer Platzwunde nach Hause. Meine Mutter fiel vor Schreck fast in Ohnmacht. Dann nahm sie mich bei der Hand und ging zu der Mutter des Jungen. Oder sie schrien sich von Haus zu Haus an. Alle hörten diesem Schauspiel zu. Und alle sagten, es sind halt Kinder, die machen so etwas. Seitdem trage ich einige Narben auf dem Kopf. Manchmal war ich die erste, die zuschlug, manchmal versuchte ich wegzulaufen, um mich vor den Schlägen der anderen Kinder in Sicherheit zu bringen. Oft verteidigte ich meinen Bruder, der zwei Jahre älter war; und wenn ich in Not war, kam mein Bruder und geriet mit der Mutter des anderen Jungen in die Wolle. Wir Kinder standen zwischen unseren Müttern und versuchten sie zu beruhigen. Die Mütter beschimpften sich so lange gegenseitig, dass mittlerweile das Blut meine langen Haare verkrustete. Meine Mutter war eine höfliche, vornehme Frau. Doch in solchen Momenten geriet sie außer sich. Passen sie auf Ihren Bastard auf, sonst bringe ich ihm Manieren bei. Sehen sie mein Kind an! Die andere Mutter wurde vulgär und beschimpfte meine Mutter als Hurentochter. Da wusste meine Mutter nicht weiter und nannte sie eine Hexe mit Eselssohn.

Ich wollte unbedingt arbeiten, damit ich von zu Hause weg komme. Bis dahin hatte ich vehement dafür gekämpft, die Hauptschule abschließen zu können. Mein Vater sagte immer,

»was willst du weiter zur Schule gehen, wir gehen doch in ein paar Jahren zurück. Am besten, du gehst arbeiten, und von dem Geld kauft du dir eine kleine Wohnung.« Ein halbes Jahr lang habe ich Klos geputzt. Die Frauen waren nett und kamen aus verschiedenen Ländern. Wir hatten richtig Macht. Denn wenn wir am Saubermachen waren, durfte solange kein Mann auf die Toilette. Aber die Tristesse der Toilettenfliesen schlug uns ganz schön aufs Gemüt. Alles weiß gefliest, alles sehr kühl. Nach der Arbeit sprachen wir darüber, ob wir uns dort nicht schöne Seifen und etwas mehr Dekoration gönnen sollten. Manche Männer waren peinlich berührt, wenn sie uns arbeiten sahen. Sie waren freundlich und gaben mehr Trinkgeld. Manche Männer hatten es besonders eilig. Dann stellten wir den Schrubberstiel einfach an der Tür quer, das war das Zeichen: Hier kommt erst mal keiner rein. Sonst stellten sich die Männer ans Pissbecken und erleichterten sich, während wir putzten. Das wollten wir uns nicht bieten lassen.

Aber auf ewig wollte ich keine Toiletten putzen. Obwohl wir Handschuhe trugen, schrubbten wir lange unsere Hände. Zum Essen zogen wir unsere Kittel aus und machten Witze. Die Frauen lachten, weil ich schon ein paarmal der Länge nach auf dem nassen Boden ausrutschte und der Wischeimer sich über meine Beine ergoss. Seitdem verwahrte ich Extrahosen in meinem Spind. Ich nahm diese Arbeit an, um nicht zu Hause herumsitzen zu müssen. Ich konnte gut zeichnen, doch Vater meinte, vom Zeichnen kann der Mensch nicht leben, werde lieber Kinderkrankenschwester. Aber auch das durfte ich nicht werden, denn meinem Vater zufolge würden wir ja aus Deutschland wieder weggehen. Ich konnte die Koffer schon nicht mehr sehen, die mit lauter schönen Dingen gepackt auf die Rückkehr warteten. Ja, die schönen Dinge sind für die Türkei. Das ging dreißig Jahre so, bis die schönen Dinge alt geworden waren. So lief es für uns Mädchen: »Ach, was willst du einen Beruf erlernen, du gehst ja sowieso in die Türkei zurück und heiratest dort.« Sparen, sparen, sparen. Wann und wofür wollten wir dann aber leben?

Mein Vater ging oft mit uns essen, entweder in den Kepab-Salon oder ins »Wienerwald«, Hähnchen essen. Dort saßen wir draußen, wie in der Türkei, und fühlten uns wohl dabei. Sonst kochte mein Vater immer. Das hätte er beim Militärdienst gelernt, sagte er oft. Er kochte wirklich gut. Mein Vater kochte und putzte. Wenn er am Wochenende saubermachte, stellte er die ganze Wohnung auf den Kopf. Jede Ecke wurde mit einer Energie geputzt, das ich mich wunderte. Meine Mutter hatten wir in Istanbul auch oft putzen gesehen, sie tat das aber mit einer gewissen Leichtigkeit, nicht so wie der Vater, der wirkte, als würde er an einem Preiskampf teilnehmen. Vater meinte, Männer könnten den Haushalt genau so gut schmeißen wie Frauen. Ihm als alleinstehender Vater war es wichtig, ebenso gut für seine beiden Kinder zu sorgen. Das verstand ich, half ihm manchmal oder schaute aufmerksam zu, wenn er Dinge reparierte. Ich kannte niemanden, der so ordentlich jedes Werkzeug an seinen Platz legte. Jeder Werkzeug wurde gepflegt, geölt und geputzt. Mein Vater war der Meinung, wenn man Werkzeug gut behandelte, würde es ein Menschenleben lang halten. Ich fand diese Passion meines Vaters richtig, weil er sofort wusste, wo welches Werkzeug zu finden war. Sie waren nach ihrer Nummerierung in speziellen Kästen, die kleinen Hämmer nach Größe geordnet. Viele meinten zu meinem Vater, »das ist aber sehr deutsch, was du da tust.« Er antwortete, »ja, die Deutschen verstehen was vom Handwerk, weil sie ihre Werkzeuge lieben. Wie ich«, setzte er hinzu.

Die türkischstämmigen Menschen vermissten das Straßenleben, das Eingesperrtsein in Wohnungen machte ihnen zu schaffen. Viele trafen sich deshalb in der Hasenheide. Wir gingen oft mit Bekannten dorthin, die Frauen brachten Decken und ihre Kinder mit. Später fanden auch die Männer Gefallen an der Hasenheide. Wir spielten Ball und picknickten, irgendwann gesellten sich die Hippies dazu. Es war ein buntes Treiben. Für mich gab es keine richtige Freizeitbeschäftigung. »Ach Papa, ich möchte so gern Judo machen, darf ich in den Sportverein?« »Nein und nochmals nein«, antwortete mein Vater. »Wie sieht das aus, wenn du so mit Anlauf einen Jungen anspringst.« »Aber ich bin doch in der Mädchengruppe.« »Nein, das gehört sich für ein Fräulein nicht.« An den Laufwettkämpfen und an dem Kindermarathon bei den Bundesjugendspielen durfte ich teilnehmen. Dass ich erfolgreich war und Pokale nach Hause brachte, beeindruckte die ganze Verwandtschaft. Aber wenn ich nach der Schule ins Jugendhaus wollte, durfte ich, wie die anderen kurdisch-türkischen Mädchen auch, nicht hin. Die Jungs gingen immer nach der Schule dorthin, wenn ich dort sein und mich mit deutschen Mädchen unterhalten wollte, hieß es, da darfst du nicht hin. Aber genau da war die Jugend. Mit tollen Frisuren, super Jeansanzügen – und die Musik erst! Ich sagte, ich würde schaukeln und mich nur unterhalten. Wenn die türkischen Jungs mich dort erwischten, schickten sie mich sofort nach Hause. Sie machten mir wirklich das Leben schwer. Sie kamen an und machten mir die Ohren heiß. »Es gehört sich für ein Mädchen nicht, hier zu sein.« »Ihr seid doch aber auch hier? Ihr unterhaltet euch doch ständig mit den Mädchen hier.« »Das geht dich gar nichts an«, war die Antwort. Wie gerne wäre ich ein Junge, dachte ich in diesen Momenten.

Fünfundvierzig Jahre später saß ich als Supervisorin wieder in so einem Jugendtreff und arbeitete mit meinem Team. Da fiel mir plötzlich ein: Ich bin in einem Jugendtreff! Ich musste lachen, weil ich dachte, jetzt bin ich doch reingekommen. Zwar erst als erwachsene Frau, aber es fühlte sich trotzdem wie eine Wiedergutmachung durch das Schicksal an.

Die Arbeitskollegen meines Vaters meinten, er würde mich sehr streng erziehen. Das sagte ich auch meinem Vater. »Unser Ruf ist in Gefahr, was sollen die anderen denken, wenn ich dich auf Klassenfahrten lasse, mit Jungs in einem Haus, oder gar einfach so ins Jugendhaus? Du solltest auch mich verstehen.« Er selber hingegen war immer mit netten Frauen zusammen. »Er wäre ja auch ein Mann«, entgegnete er. »Männer dürfen das.« Wieder wollte ich lieber ein Junge sein!

Als ich dann von der Schule sollte, sagte ich meinem Vater, »ich bleibe nicht zu Hause, ich gehe arbeiten.« Ich wollte eine andere Zukunft, das wussten auch meine Lehrerinnen und Lehrer. Meine Lehrerin, Frau H., kam oft zu uns, um mit meinem Vater zu reden, damit ich die Schule weiter besuchen durfte. »Gut«, sagte mein Vater, »sie macht die Hauptschule zu Ende, dann sehen wir weiter.« Er mochte meine Lehrerin. Eine alleinerziehende Frau mit einem Sohn.

Als ich schließlich die Hauptschule beendete, nahm mich Frau H. kurz zur Seite und meinte, »Gül, dein Vater ist ein harter Hund! Ich verstehe das nicht, dein Vater ist ein moderner Mensch, aber wenn es um dich geht, verhält er sich, als käme er aus dem Mittelalter.«

Es tut heute immer noch weh, wenn ich daran denke, dass ich nicht auf Klassenfahrt durfte. Damals sagte ich mir, das würde ich meinem Vater nie verzeihen. »Na komm, die eine Woche kannst du bei uns sein«, sagte mein Lehrer P. Er hatte mich über eine lange Zeit begleitet und unterstützt. Er war ein offener, hemdsärmliger Mann und hatte einen ganz besonderen Humor. Wenn er lachte, bebten die Wände im Klassenraum, und so ein Lachen konnte schon mal zwanzig Minuten andauern. Wir lachten sein herzliches Vulkanlachen mit. Meine Lehrerinnen und Lehrer waren bereits von der '68er Studentenbewegung geprägt, sie lösten gerade, zu unserem Glück, die alte Generation ab. Durch die Schule fuhr nun ein frischer Wind. Leider gingen nicht alle Vorstellungen der Neuen in Erfüllung. Ich durfte keinen Realabschluss machen, was ihnen sehr leid tat.

Also musste ich mir Arbeit suchen. Ich wurde Löterin in Siemensstadt. Das ist ein Riesenareal in Berlin, eine Stadt der ArbeiterInnen und Arbeiter. Ein riesiger Gebäudekomplex, hoffentlich finde ich hier wieder raus, dachte ich, als ich mich wegen der Arbeit vorstellte. Alles war riesig: die Eingänge, Flure, Treppen, Türen. Eigentlich ein Palast für Arbeiterinnen. Nur nicht zur Erholung gedacht.

Der erste Tag war merkwürdig. Unser Chef, Herr Schmidt, wirkte wie ein Tänzer, mit reichlich Pomade im Haar. Ein großer Mann um die Sechzig, kerzengerade, mit stahlblauen Augen. Er hatte einen tänzelnden Gang. Der Weg von seinem Büro bis in den hintersten Raum dauerte etwa fünfzehn Minuten und war sein Laufsteg. Irgendwann tänzelten wir genauso wie er. Das riesige Fabrikgebäude war recht flach und von so vielen Lampen erleuchtet, als würde man gebündelten Sonnenstrahlen ausgesetzt. Vom Eingang aus hatte man den gesamten Raum im Blick. Alles war voller Tische mit Lampen und Lupen, alle saßen vor den Lupen und arbeiteten konzentriert an ihren

Elektronik-Leiterplatten. Die Frauen sahen wie Ärztinnen aus, trugen weiße Kittel, die mich an ein Medizinlabor erinnerten. So eine saubere Arbeit ist doch gut, dachte ich bei mir. Die Transistoren lagen wie Nüsse in kleinen Schalen. Sie waren bunt, und jeder Transistor hatte eine Nummer auf dem Rücken. Vor den Arbeiterinnen lag ein großer Plan, der zeigte, wohin der jeweilige Transistor gehörte. Konzentration war sehr wichtig. Ein Fehler, und die ganze Arbeit war dahin. Später wurden die Leiterplatten in drei Waschgängen und einem Trockengang von Kleber und Lötresten gereinigt. Dieser Platz ganz hinten war von uns Frauen heiß begehrt. Dort arbeitete man auf einem Podest und konnte den ganzen Raum überblicken. Das war wichtig, um zu wissen, wo der Chef sich gerade aufhielt. Denn manchmal ging er die Treppe hinunter und kam unversehens durch den Hintereingang auf unsere Etage. Wenn er die Frauen erwischte, die seine Abwesenheit für eine Rauchpause nutzten, wurden diese abgemahnt. Wir sorgten dafür, dass die Frauen rechtzeitig gewarnt wurden. Die Arbeit stank, obwohl es Abzugsrohre für die Lötmittel- und Kleberdämpfe gab. Es war heiß und die Rücken gekrümmt. Viele hatten Rückenschmerzen und verkrampfte Füße.

Am schlimmsten war das frühe Aufstehen. Die Arbeit fing um 06.05 Uhr an, und für den Weg dorthin brauchte ich über eine Stunde. Im Winter waren um diese Zeit nur wenige Menschen unterwegs. Noch mit Schlaf in den Knochen machte ich mich auf den Arbeitsweg. Nicht selten wartete ich ganz allein auf den Bus. Die Stadt schien wie ausgestorben, es schneite leise, in schrägen langen Streifen, und ich dachte, ich wäre ganz allein auf dieser Welt. Manchmal war mir, als würde ich im Schlafanzug an der Bushaltestelle stehen. Ich traute mich gar nicht, auf meine Beine zu schauen. Wie bin ich hierher gekommen? Ich kann mich nicht erinnern. Wir wohnten im dritten Stock in Neukölln, die Haustür war aus schwerem Holz, das müsste ich doch mitbekommen haben? Neukölln war damals genauso verschlafen wie ich an der Haltestelle. Die Mauer, Grenze zur DDR, engte die Stadt ein, aber als Kinder und Jugendliche hatten wir damit kein Problem. Kinder haben sowieso keinen großen Radius. Uns Migranten behandelten die DDR-Soldaten an den Grenzübergängen höflich. »Ihr werdet von den Kapitalisten als Sklaven gehalten.« »Ja«, sagte mein Vater und dachte sich seinen Teil. Ich fühlte mich nett behandelt, nur ihre Uniformen waren seltsam, die aufgeplusterten Reiterhosen und die Härte in ihren Gesichtern machten mir ein wenig Angst.

So stand ich und wartete auf dem Bus. Oft tat ich mir selber leid: Was für ein Leben! Später nahm ich lieber die U-Bahn, dort war mehr los. Es dauerte fast die ganze Fahrzeit, bis ich wusste, was ich gerade tat. Erst wenn wir Frauen uns auf der Arbeit sahen, war alles wieder lebendig und schön. Ich stellte mir immer eine Stadt vor, die ich gerade entwerfen würde. Die vielen Transistoren auf der Leiterplatte sahen wie eine Stadtarchitektur aus. Kleine Häuser, hier eine Turnhalle, da ein Schwimmbad, dort ein Park, in dem man die Hunde ausführte.

Als ich meinen zukünftigen Kolleginnen vorgestellt wurde, standen die Frauen still und kerzengerade. Sie musterten mich. Fünf Frauen unterschiedlichen Alters, und alle in weißen Arbeitskitteln. »Morgens musst du die Stechkarte lochen, dann wissen wir, dass du pünktlich gekommen bist. Abends genau das Gleiche, hier ist die Tafel, wo deine Karte hingehängt wird. Du darfst sie nicht mitnehmen. So wissen wir schon morgens, wenn du mal nicht erscheinst.« Die Umkleide war ein großer, hell erleuchteter Raum, ich bekam einen Spind zugewiesen. »Auf gute Zusammenarbeit und bis morgen.« Ich freute mich auf die Arbeit. Und ich mochte die Frauen und meinen Chef, Herrn Schmidt.

Bald merkte ich, das ich die einzige bin, die diesen Mann schätzte. Zu allen anderen Frauen war er unfreundlich und ziemlich gemein. Die Vorarbeiterin war eine hochgewachsene Frau und freundlich zu mir. Manchmal dachte ich, ob die beiden wohl ein Paar wären, aber die älteren Kolleginnen meinten, beide hätten eine Partnerin und einen Partner. Für mich schienen sie unzertrennlich. Sie schauten sich von einem Ende des Betriebes zum anderen an, und beiden huschte ein leises Lächeln übers Gesicht. Die deutschen Kolleginnen waren bestimmt schon um die Sechzig, und deswegen schonten die anderen Kolleginnen sie etwas. Sie nahmen ihnen Arbeit ab, dafür brachten die deutsche Kolleginnen uns Kuchen. Die Kantine war schön, aber die Gerichte waren nichts für uns. Wir hatten unseren Stammplatz ganz links. Die Ingenieure kamen zu uns und machten Witze über das Essen. »Na, ihr esst ja wieder nur Salat, so wird das nichts mit der Arbeit.« Wir zeigten auf unseren reichgedeckten Tisch und luden sie ein, mit uns zu essen. Es gab gefüllte Weinblätter, Kartoffelsalat, Köfte und andere Sachen, jeden Tag brachten wir sie von zu Hause und legten zusammen. Nur Schweinshaxe wollten wir nicht auf unserem Tisch sehen. Manchmal brachte ich Herrn Schmidt etwas. Die Frauen schimpften mit mir, »dem alten Nazi brauchst du nichts zu bringen. Du weißt nicht, was er im Zweiten Weltkrieg alles angestellt hat.« Ich vertraute nur auf das, was ich sah. Wenn jemand auf den ersten Blick nett und sympathisch schien, dann blieb dieser Mensch für mich erstmal nett und sympathisch, Nationalität und Herkunft waren dann egal. Für mich war es leichter, keine Vorurteile zu hegen, denn als Kind in Istanbul hatte ich genug davon erlebt.

Meine Kolleginnen waren allesamt nicht auf den Mund gefallen. Oft sah ich, wie die Männer dabei rot wurden und schwer schlucken mussten. Ansonsten hatten wir einen lockeren und freundschaftlichen Umgang miteinander. Die Männer setzten sich dann mit einem Kaffee zu uns. Ben hatte eine Freundin in der DDR, er fuhr oft zu ihr, und viel erzählte er von seiner Liebe. »Gül, du bist so eine schöne Frau, was machst du hier bei diesen Mannsweibern?« »Nichts gegen meine Kolleginnen«, antwortete ich, »solche findest du nirgendwo sonst.« »Ja ja, wissen wir doch, ihr seid alle toll. Gül, hast du einen Freund? Du gehört nicht hierher, mach etwas aus deinem Leben, du bist doch erst fünfzehn.« Ben schwärmte vom Kommunismus, dann verdrehten die Frauen aus Jugoslawien die Augen und sagten, »da, schau, wie die Menschen in der Sowjetunion und in der DDR leben.« Immerzu entbrannte daraufhin eine kleine Diskussion. Ben schimpfte auf den Westen und meinte, »ihr werdet als Arbeiterinnen doch ausgebeutet, merkt ihr das denn nicht?« Die Frauen entgegneten, dass sie nie im Leben tauschen mochten. Das wiederum fand Ben nicht nachvollziehbar.

Jeden Freitag fuhr er nach Ostberlin. Irgendwie sah er auch aus wie ein Mann aus der DDR. Seine Hosen und Hemden sahen anders aus als die seiner Ingenieurskollegen. Ben war häufig bei den türkischen Kollegen zu Gast. Sie aßen zusammen und unterhielten sich über alles mögliche. Er war beliebt, und mich behandelte er immer mit Respekt und tat, als wäre ich bereits eine erwachsene Frau. Er gab mir immerzu Bücher von Dostojewski oder Bertolt Brecht zum Lesen mit. Wenn wir Zeit hatten, sprach ich mit ihm über die Bücher. Mir gefielen sie und ich fragte ihn, wie diese gebildeten Männer, die ja Schriftsteller waren, so viel über den einfachen Menschen, soviel über ihre Seele wissen konnten. Die stehen doch ganz wo anders? »Ja, Gül, das sind kritische Schriftsteller, die mit dem Proletariat mitfühlen.« In der Pause sang ich mit Ben oft die Songs von Karat, Karat war meine Lieblingsband.

Mein Chef mochte Ben nicht. »Lass dich von dem nicht zu sehr beeinflussen, Gül!« Ben mochte meinen Chef aber auch nicht. »Schau nur, wie der aussieht! Aber auf Dich lässt er ja nichts kommen.« Tatsächlich behandelte mein Chef mich freundlich und hielt die Hand über mich. »Nein, Gül, du machst keine Überstunden«, sagte er oft, »du bist zu dünn.« Ich versuchte mich bei ihm für meine Kolleginnen einzusetzen. »Frau N. fühlt sich nicht wohl, darf sie nach Hause gehen oder nach unten zur Betriebsärztin?« Dann sagte er »ja, du kannst sie begleiten, komm aber gleich wieder hoch.«

Die Kolleginnen sprachen über jedes politische Ereignis und legten es gleich wieder ad acta. Als wären Politiker nicht von dieser Welt und würden die Arbeiter sowieso nicht verstehen. Ich hatte das Gefühl, Frauen verstanden viel mehr von Weltpolitik und den Menschen als die Politiker. Die ausländischen und die deutschen Frauen blieben meist unter sich. Nur ich bewegte mich von einer Gruppe zur anderen. Eigentlich schottete sich jede Gruppe ab, aber jede hatte Respekt vor der anderen mit ihren Besonderheiten. Die Bosnierinnen waren stolz auf Tito, den Partisanen, der es den Deutschen damals gezeigt hatte. Die türkisch-kurdischen Frauen waren stolz auf ihre Familien und die deutschen Frauen auf ihre Ordnung und Pünktlichkeit. Die Ingenieure hingegen waren von anderem Stand. Und von Wohlstand. Manchmal, wenn sie erfuhren, was wir verdienten, schwiegen sie peinlich berührt. Wir Frauen verständigten uns meist ohne Worte. Schlich der Chef leise an mir vorbei, um die anderen zu kontrollieren und anzublaffen, sendeten wir eingeübte Signale, dass die Welle rollt. Oder ich ging zum Eingang und wartete auf die Frau, die zu spät kam. Ich gab ihr schnell ihre Lochkarte , die ich vorher in die Stechuhr gesteckt hatte. Wir unterhielten uns viel über Privates. Ich lernte sehr früh, dass Frauen nach der Arbeit noch nicht fertig waren. Sie rannten zum Kindergarten, holten die Kinder ab, gingen einkaufen, putzten die Wohnung, kochten und bedienten ihre Männer. Spät in der Nacht erst fielen sie ins Bett. Manchmal waren sie die einzigen, die Geld nach Hause brachten. Sie taten mir oft leid, denn ihre Männer, ob in der BRD oder in der Türkei, machten gern den Abend zum Tag. Alles blieb an den Frauen hängen, Geburt, Abtreibungen, Fehlgeburten. Wir lebten in enger Gemeinschaft, die Ungerechtigkeit und die Unfreundlichkeit anderer machten uns noch stärker in unseren Zusammenhalt. Wir waren wie Schwestern, die das Leben lieber in Solidarität und im Zusammensein feierten. Ich besuchte die Frauen, ich lernte ihre Kinder und Männer kennen. Einige Ehemänner waren nett, andere benahmen sich wie die Paschas. Oft dachte ich, wenn du nur wüsstest, was für eine tolle Frau du doch hast. Sagen konnte ich das natürlich nicht.

Carmen aus Andalusien wollte mich gleich mit ihrem Sohn Antonio verkuppeln, der abwechselt in Spanien und in der BRD lebte. Er sah gut aus, ich fand ihn sympathisch, nur das Alter passte nicht ganz. Ich scherzte mit Carmen, »wäre ich zehn Jahre älter, würde ich Antonio heiraten, aber so geht es nicht.« »Ach«, sagte sie dann, »so lange kann Antonio doch warten.« Später brachte Carmen immer etwas aus Spanien mit und meinte, das schickt dir Antonio. Wenn, dann wollte ich später mal so einen schönen und galanten Mann, erzählte ich den Frauen. »Ach, was willst du in Spanien, bei uns bist du besser aufgehoben.« Antonio lebte bei seinem Vater in Andalusien. Er kam oft zu seiner Mutter nach Berlin und ging wieder. Für Carmen waren wir die Ersatzfamilie. »Ihr seid meine Schwestern«, meinte sie oft. »Na gut«, sagte ich, »dann mache ich meinen Rücken mit euch zusammen krumm.«

Meinen achtzehnten Geburtstag feierten wir gemeinsam auf Arbeit, in der Umkleidekabine. Drei Jahre war ich schon mit diesen großartigen Menschen zusammen. Sie standen mir bei und unterstützten mich. Herr Schmidt war gekommen, die Ingenieure, die Frauen. Wir zauberten ein wunderbares Buffet, es gab Sekt und für mich viele Geschenke, und die Zuneigung und Sympathie einer Gemeinschaft ganz unterschiedlicher Menschen. Herr Schmidt sagte, »Mensch Mädel, ich glaub's nicht, dass es schon drei Jahre her ist, dass du bei uns angefangen hast. Du bist ja immer noch so jung!« Er lobte mich und überreichte mir einen Blumenstrauß. Hundert D-Mark hatten sie gesammelt, die sie mir in einem Umschlag gaben. Die Kolleginnen verrieten mir später, dass Herr Schmidt fünfzig D-Mark gegeben hatte. Die Ingenieure schenkten mir zwei Karten für ein türkisches Theaterstück. Von den türkischen Frauen bekam ich einen gestrickten Pullover, Parfüm und warme Socken, von den deutschen Kolleginnen Pralinen. Die Bosnierinnen schenkten Kosmetika und Pralinen. Ich freute mich über diese Menschen und wusste doch, dass ich irgendwann gehen würde. Das stimmte mich traurig, und ich glaubte, dass die anderen das schon ahnten.

Ein Jahr später war es soweit. Ich wurde neunzehn und verabschiedete mich, ohne das Wort Abschied in den Mund zu nehmen. Es gab Tränen, von den Frauen, Herrn Schmidt und den Ingenieuren. Keiner fragte mich, warum, wieso, weshalb. Wir umarmten uns nur und weinten. Herr Schmidt nahm mich zur Seite. »Menschenskind, wie kann ich dir helfen? Was ist das nur für ein Abschied? Willst du das Land verlassen? Wohin gehst du? Gut gut«, sagte er, »ich mache dir gleich deine Papiere fertig, Urlaub hast du auch – und du willst es mir wirklich nicht erzählen? Ich rufe gleich in München an, damit du dort arbeiten kannst. Ich kenne den Chef, du bekommst auch eine Unterkunft.« »Danke sehr«, erwiderte ich, »ich möchte wirklich nicht nach München.« »Versprich mir, das du gut auf dich aufpasst! Es gibt böse Menschen auf dieser Welt, vor allem Männer!« »Sie reden wie mein Vater.« »Dein Vater hat recht«, meinte er. »Ja, versprochen«, erwiderte ich. Ich ging in den Umkleideraum, packte meine Sachen in eine Tasche, wischte den Schrank aus, hing den Kittel an den Haken und ging wieder ins Büro von Herrn Schmidt. »Mädchen, ich glaube, du machst gerade einen großen Fehler, bleib hier! Ich merke schon, du willst mir nichts erzählen, aber passt gut auf dich auf! Lebewohl.« Er reichte mir meine Arbeitsunterlagen, wir gaben uns die Hand.

Ich nahm den Paternoster, den ich so liebte. Alle wussten, wie leidenschaftlich gerne ich Paternoster fuhr. Wenn wir zum Feierabend einstiegen, plauderten wir so selbstvergessen miteinander, dass wir ganz woanders landeten. Die männlichen Kollegen meinten dann, wir sollten nicht soviel reden. Oft quetschten wir uns zu sechst hinein und lachten dabei laut. Jeder, der uns unten aussteigen sah, gab dazu seinen Kommentar. Einmal blieben wir im Paternoster stecken, auf unserer Augenhöhe waren nur die vorübergehenden Füße zu sehen. Die Männer zogen uns an den ausgestreckten Armen aus der Kabine. Am nächsten Tag war in der Kantine wieder etwas los. Alle lachten, wir sollten unsere langgezogenen Arme vorzeigen. So machten wir uns das schwere Arbeitsleben mit Humor und Menschlichkeit etwas erträglicher. Und nun, da ich allein unten angekommen war, ging ich einer ungewissen Zukunft entgegen. Die Tür nach draußen war alt und aus gutem Holz, bestimmt an die hundert Jahre alt. Wie vielen Menschen hat diese Tür wohl Guten Morgen, Guten Abend, Gute Nacht und Lebewohl gesagt!

Frankfurt
1974

Yildiz

Ich war achtzehn Jahre alt
und hatte vor kurzem ge-
heiratet. Meinen Mann fand
ich wunderbar. Sämtliche
Männer aus unserem Dorf,
die um meine Hand ange-
halten hatten, schienen mir
als Ehemänner ungeeignet.
Ihre Haltung zur Welt und zu
Frauen war aus meiner Sicht
zu engstirnig. Jetzt hatte ich
den Mann, der mir gefiel. Bevor er bei meinem Vater um
meine Hand anhielt, war er erst in Deutschland, dann kam er
und wir heirateten in der Türkei, um zusammen nach Deutschland zu gehen. Am Tag unseres Abfluges brachte meine Familie
uns vier – meinen Mann, seinen Bruder, dessen Frau und mich
zum Flughafen. Meine Mutter gab mir ein paar Kassetten mit
auf den Weg. Sie sagte, »immer, wenn du Sehnsucht hast, höre
unsere Stimmen, und wir sind ganz nah bei Dir.« Ich war froh,
mein eigenes Leben zu beginnen und gespannt, wie es weiter-
gehen würde. Das Flugzeug startete, wir waren in der Luft. Ich
schloss die Augen, und plötzlich ergriff mich die pure Angst.
Was machst du, fragte ich mich. Du kennst den Mann neben dir
erst seit kurzem. Ich öffnete die Augen und schaute zu meinem
Mann. Er blickte mich freundlich und verliebt an, dann schaute ich zu meinem Schwager. Auch er sah freundlich zu mir. Ich
schloss wieder die Augen. Angekommen in Frankfurt, wurden
wir von einem Verwandten abgeholt. Ich war wie in Trance. Bis
wir in der Wohnung ankamen, saß ich ganz nah bei meinem

Mann im Auto. Obwohl es Ende August war, fröstelte es mich etwas. Ich trug eine blaue Hose mit Schlag und eine weiße Bluse, die Haare hatte ich mir hochgesteckt. Wir waren da. Ein Hochhaus mit Treppen, die nicht enden wollten. Ich, mit meinen hochhackigen Schuhen und erschöpft von der Reise, geriet völlig außer Atem. Ganz oben, unterm Dach befand sich ein türloser Eingang. Mich überkam die Panik. Eine Wohnung ohne Tür? Dann erst sah ich, dass kleine Bretterverschläge nach rechts und nach links abgingen. Zwei junge Frauen, Verwandte meines Mannes, und ein junger Mann begrüßten uns herzlich. Sie luden uns zum Essen ein. »Ihr habt bestimmt großen Hunger.« Eine kleine Küche. Es roch gut nach gebratenem Huhn. Es gab eine Suppe mit Bandnudeln, danach Salat und etwas zu trinken. Es war eine angenehme Atmosphäre. Ich freute mich, dass außer mir noch drei Frauen da waren. Wir lachten und waren alle sehr vergnügt.

Nach dem Essen lag ich im Bett und wunderte mich, wie hellhörig es hier war! Meine größte Angst aber war, wie ich auf die Toilette komme. Es war so hellhörig hier und ich so hilflos. Mein Mann hatte mir nämlich gesagt, dass er in einer Woche nach Hamburg gehen würde, um für uns eine Wohnung zu suchen. Ach, dachte ich, dann bin ich ja ganz alleine, wenn er zur Arbeit geht. Wieder überkam mich die Angst. Ich ging in die Küche und fragte meinen Mann, ob er einen Kassettenrekorder hätte. Wir legten die Kassette von meiner Mutter ein und hörten ihre Stimme. »Meine Tochter, sei gegrüßt.« Ich fiel meinem Mann um den Hals. »Sei nicht traurig«, meinte er. »Schau, ich war so lange nicht in der Türkei, um das Geld für unsere Hochzeit zu sparen. Wir schaffen das schon. Und in zwei Jahren fahren wir gemeinsam zu deinen Eltern.« Er lachte und fragte, »hast du jetzt schon Heimweh?« »Ja«, sagte ich, denn ich war vorher noch keinen einzigen Tag von meinen sechs Schwestern und meinen Eltern getrennt.

Ich vermisste meinen tollen Vater. Er war immer für uns, seine Töchter, da. Zu meiner Mutter hatte ich hingegen ein etwas distanziertes Verhältnis. Unser Vater wollte, dass alle seine Töchter zur Schule gehen, das war nicht so einfach in unserem Dorf. Er hat sich gegen den Dorfältesten und unsere Mutter durchgesetzt. Eines Tages sagte er zu unserer Mutter, »Frau, heute werden wir über die Zukunft unserer Töchter sprechen.« Wir saßen alle zusammen. Er begann mit den Worten, »was macht eine Frau, wenn der Mann missraten ist? Da ist es doch am besten, wenn sie sich durch Bildung und Wissen über Wasser halten kann.« Das haben wir dann auch gemacht, alle seine Töchter erhielten eine gute Schulbildung.

Wir gingen wieder in die Küche. Ich trocknete mir die Tränen, bis spätabends saßen wir bei Tee und den Nüssen, die wir mitgebracht hatten. Ich war doch erst achtzehn Jahre und die anderen Frauen auch nur zwei, drei Jahre älter als ich. Sie trösteten mich und meinten, dass auch sie sehr irritiert waren, dass der Dachboden keine Tür hatten. Wir lachten und machten Witze, dass dem Hauseigentümer wohl das Geld ausgegangenen war. Zu tiefster Nachtstunde schlief ich in den Armen meines Mannes ein.

Hamburg
1973

Bahar

Mein Onkel sagte mir zum Abschied: »Ich vertraue Dir.« Es klang aufmunternd für mich. Meine Eltern, meine älteren Brüder und ich wurden von einem Freund meines Vaters vom Flughafen abgeholt. Es war dunkel. Wir waren sieben Leute und quetschten uns alle sieben ins Auto, drei vorne und vier hinten. Wir mussten ziemlich lange so gequetscht im Auto sitzen. Mein Vater erklärte, dass wir zu der Wohnung in einem neuen Mehrfamilienhaus außerhalb Hamburgs fahren würden. Er war schon ein paar Jahre in Deutschland und hatte Arbeit auf einer Baustelle. Wir alle fanden es schade, dass mein ältester Bruder nicht mit einreisen durfte. Weil er schon achtzehn Jahre alt war, galt er nicht mehr als Fall für die Familienzusammenführung. Wir waren froh, als wir unser Fahrtziel endlich erreicht hatten. Meine Mutter machte große Augen, weil unsere Wohnung so karg aussah. Im Kinderzimmer standen lediglich Doppelstockbetten und ein paar Regale. Aber wir haben einen Balkon, sagte mein Vater. Und es gibt einen Edeka und einen Spar. Dort haben wir immer Mischbrote gekauft. Irgendwann kam ein Kollege meines Vaters vorbei. Man nannte ihn den »dicken Werner«. Werner sah lustig aus, er hatte eine winzige Nase und einen mächtigen Bauch. Seine Frau Lilo fanden wir auch alle sehr nett. Lilo und Werner sagten, dass sie uns ihren Kindern vorstellen wollten. Also stiegen wir, mein Bruder und ich, zu ihnen ins Auto. Die Fahrt dauerte nicht lange. Auf der Straße fuhren ihre drei Kinder Fahrrad. Sie zeigten uns gleich, wie das Fahrradfahren geht. Ihre Tochter Birgit hielt mich am Rücken fest und rannte neben mir her. Es war ein schöner Tag und wir hatten viel Spaß. Lilo versuchte uns Deutsch beizubringen. Dann gingen wir in die Küche. Da saß Lilo, hatte eine Zeitung auf dem Küchentisch und eine Schürze um. Auf der Zeitung lagen ganz viele tote Würmer. Das waren Krabben. Ich schaute sie verängstigt an. Darauf sagte Lilo etwas, pulte einen Wurm aus und hielt ihn mir entgegen. Ich schüttelte entsetzt den Kopf. Später brachten Werner und Lilo uns wieder zu unseren Eltern zurück. Wir waren ihnen für diesen schönen Tag sehr dankbar.

Frankfurt

1970

Ceylan

1970 folgte ich meinem Mann nach Deutschland. Ich war vierundzwanzig, mein Mann sechsundzwanzig Jahre alt. Der Flug nach Deutschland war aufregend, ich konnte den Tag vorher kaum schlafen. Die Menschenmassen am Flughafen machten mir auch etwas Angst. Im Flugzeug saß ich neben zwei sehr netten Frauen, die sich als Geschwister zu erkennen gaben. Die eine hatte ein sehr schönes Gesicht, oval, mit grünen Augen. Die andere war anders. Braune Augen mit langen Wimpern, kräftige Wagenknochen. Beide fand ich interessant und sehr sympathisch. Wir alle saßen das erste Mal in so einem Vogel. Dazu braucht es Mut, dachte ich bei mir. Hoffentlich sind wir in guten Händen und es ist nicht der erste Flug des Piloten! Wir lachten und schauten den adretten Stewardessen nach. Am Flughafen wurde ich von meinem Mann abgeholt. Er kam mir gealtert vor. Zwei Jahre lang hatten wir uns nicht gesehen. Er hätte ungeduldig auf mich gewartet, sagte er später. Ich schrieb ihm vor dem Flug, dass ich eine Jeanshose und ein Jeanshemd anziehen würde. Als wir dann telefonierten, lachte er und meinte, »denkst du, dass ich dich nach zwei Jahren nicht wieder erkennen würde?« Nachdem ich meine Koffer geholt hatte, ging ich zum Ausgang, immer noch die beiden jungen Frauen an meiner Seite. Zusammen fühlten wir uns sicherer. Sie sagten, sie würden in einer Glühlampenfabrik arbeiten.

Wir wünschten uns gegenseitig viel Glück und verabschiedeten uns herzlich voneinander. Bekannte würden sie abholen. Ich ging, und schon von weitem sah ich meinen Mann, mein Herz hopste vor Glück und Aufregung. Er hatte kein Bart mehr und sah fesch aus. Wir gaben uns rechts und links einen flüchtigen Kuss und umarmten uns kurz. Er sagte, »du glaubst nicht, wie viele Frauen heute Jeanshosen und Jeanhemden anhatten. Die dachten, dass ich sie anmache, weil ich immer dachte, ah, da kommt meine Frau.« Er nahm meinen schweren Koffer. Darin waren Nüsse, Feigen, Dosen mit Schafskäse und Oliven und gutes Olivenöl, die uns meine und seine Mutter geschenkt hatten. Wir fuhren mit der U-Bahn. Ich bekam etwas Angst. »So musst du auf die Rolltreppe steigen«, sagte er und nahm meine Hand. Zuhause angekommen, eine dunkle, schwere Tür. Die Toilette ist leider eine Treppe tiefer, sagte er und zeigte sie mir. »Die muss immer abgeschlossen werden.«

Er ging kurz in die Wohnung, ich wartete auf ihn. Dann kam er mit einem Schlüssel, der an einem Band hing. Er sagte, »den Schlüssel müssen wir in der Wohnung immer an den gleichen Platz hängen, sonst sucht man sich verrückt und kommt nicht auf die Toilette.« Er schloss auf. Oh, so ein kalter Raum. So eine schlimme Toilette hatte ich im Leben noch nicht gesehen. Ich sagte, »geh nicht weg, warte draußen, ich muss mal.« Drinnen roch es modrig und nach altem Haus. Auf dem Boden Linoleumfußboden, der schon bessere Tage gesehen hatte. Das Waschbecken grau, mit tropfendem Wasserhahn, an dem sich schon eine grüne und braune Umrandung gebildet hatte. Die Tür gelblich, sie war wohl mal weiß gestrichen. Oh Mann, dachte ich, wie soll ich denn nachts auf Toilette gehen? Im Schlafanzug und Bademantel? Nein, ich werde hier nicht nachts im Haus herumgeistern. Es kann doch nicht sein, dass man mich immerzu zur Toilette begleiten muss. Ich erinnerte mich an meine Kindheit in Istanbul, da war ich fünf Jahre alt. Damals wurde bei uns ein modernes Badezimmer eingebaut. Weil ich noch klein war und nicht an die Türklinke herankam, rief ich immer meine Cousine, damit sie mir die Tür öffnete. Aber an diesem Tag hatten wir Streit miteinander. »So«, sagte sie zu mir, »heute machst du mal in die Hose.« Ich weinte und ging ein Zimmer weiter, aber meine Mutter war nicht da, auch meine Großmutter hörte mich

nicht. Da ging ich in eine Zimmerecke und verrichtete mein gro-
ßes Geschäft dort. Die Großmutter fand mich weinend auf der
Treppe. »Was ist denn, mein Kind? Großmutter, ich habe in die
Zimmerecke gemacht. Warum hat dir deine Cousine nicht die
Tür zum Badezimmer aufgemacht? Das ist doch ihre Aufgabe!
Komm, wasch dich, wohin hast du gemacht?« Ich zeigte es ihr.
»Oh Mädchen, so eine große Scheiße aber auch. Wie kannst du
kleine Person soviel scheißen? Komm, kein Problem, Großmutter bringt alles wieder in Ordnung. Du hast doch keine Schuld,
meine Kleine!« Ich bin meiner Großmutter, die nicht mehr
lebt, sehr dankbar für ihr gutes Herz! Meine Cousine musste
Großmutter ihr Wort geben, dass so etwas nie wieder passieren
würde. So war es dann auch. Immer, wenn ich musste, machte
meine Cousine freundlich die Toilettentür auf. Von innen konnte ich sie selber öffnen, weil es zwei Stufen gab, über die ich den
Türgriff erreichte.

Mein Mann und ich gingen zurück in die Wohnung. Mein Mann
erzählte mir, um Punkt achtzehn Uhr würden die Geschäfte
schließen. »Selbst wenn du genau achtzehn Uhr das Geschäft
betrittst, heißt es immer Feierabend.« »Was«, fragte ich, »dann
wirst du nicht bedient?« »Nein heißt hier nein. Aber mittlerweile gibt es immer mehr türkische Gemüseläden, da kannst
du noch einkaufen. Morgen gehen wir zu Karstadt und kaufen
ein paar Töpfe und Pfannen. Und Pralinen. Die schmecken aus
gezeichnet.«

»Die ersten zwei Jahre habe ich, glaube ich, nur Rühreier und
Toastbrot gesessen«, meinte mein Mann. Er vermisse wohl meine gefüllten Weinblätter und gebratenen Auberginen, entgegnete ich, umarmte ihn und hielt ihn lange umschlungen. »Du
warst sehr lange alleine hier«, fuhr ich fort. »Ich hatte wenigstens in der Türkei noch meine Familie.« »Reden wir nicht mehr
darüber«, sagte er traurig und meinte dann, dass man in der
Krankenhauskantine nicht sicher sein könnte, ob da nicht doch
irgendwo Schweinefleisch dabei sei. Salat, Nudeln, Reis, Obst
und Jogurt wären unverdächtig. Nudeln mit Soße sollte man
lieber nicht essen. »Na, das wirst du selber noch herausfinden,
wenn du in die Kantine gehst.« Er erzählte, dass ich in einer
Woche mit der Arbeit beginnen würde. Die Bohnermaschinen

würden sicher schwer zu bedienen sein. »Du machst Zimmer sauber, das zeigen dir dann die türkischen Kolleginnen.« Nach einer Woche ging es los. Wir gingen zusammen hin und kamen zusammen wieder nach Hause. Nach einem Jahr konnte ich so gut Deutsch, dass ich zum Dolmetschen gerufen wurde. Immer, wenn der Arzt im Krankenzimmer war, sagte Frau Soundso zu mir, »könnten Sie der Patientin auf Türkisch sagen, dass sie die Medikamente vor dem Essen nehmen soll?« So wurden wir Putzfrauen zu Mitarbeiterinnen der Ärzte und Krankenschwestern. »Fragen Sie bitte, ob Frau Soundso Schmerzen hat und wo genau.« Ich übersetzte und vermittelte, wo ich nur konnte. Die Krankenschwestern waren oft streng mit uns und scheuchten uns erbarmungslos hin und her. Mach das, mach dies. Es gab jedoch auch Ausnahmen, nette Krankenschwestern oder Ärzte. Über die vielen Jahre kannten wir jedes Zimmer, jeden Patienten. Wir waren ja überall zum Putzen. Ein nettes Wort, ein freundliches »Gute Besserung« war wie Medizin für die

Patienten. Wir sahen sie weinen, lachen oder in Todesängsten schweben. Am nettesten war die junge, sehr feine türkische Frau an der Essensausgabe, sie sah wie eine elegante Ärztin mit ihrem weißen Kittel aus, nur eben bei der Essensausgabe! Wir sagten ihr oft, dass sie ihrem Beruf verfehlt hätte. Dann lachte sie immer. »Ah«, sagte sie, »ich muss meine Familie unterstützen. Mit dem Studium klappte es nicht.« Für uns war sie die beste Nicht-Ärztin. Sie tröstete die weinenden Mütter und Väter, die bei der Essensausgabe standen und keine Kraft und kein Mut mehr hatten. Sie hatte für alle ein gutes Wort, sie empfahl uns, »nein, nimm lieber nicht das, da ist Schweinefleisch drin«, oder »warte noch zehn Minuten, dann kommt das frische Essen.« Sie war unser Sonnenschein, wenn wir zusammen in der Kantine aßen.

Eines Tages klopfte ich an ein Patientenzimmer und ging hinein. Im Bett lag eine junge Frau und weinte Als sie mich bemerkte, wischte sie sich schnell die Tränen aus dem Gesicht. »Guten Tag, ich soll das Zimmer putzen«, sagte ich und fing gleich an, den Fußboden zu fegen. Sie sah mitgenommen aus. Waren es seelische Schmerzen oder körperliche, das konnte ich noch nicht herausfinden. Dabei hatten wir Putzfrauen schon einen professionellen Blick. Sie trug einen Verband um den Kopf, die blonden Locken schauten an den Seiten heraus. Dieser Frau geht es nicht gut, dachte ich. In dem Moment klopfte es an die Tür und ein junger Arzt kam herein. »Frau F., Sie haben viel Glück gehabt«, sagte er zu der Patientin. Ich dachte, wieso Glück? Die sieht doch völlig fertig aus. Er hielt ein Blatt Papier in der Hand. »Was genau ist passiert«, fragte er. Frau F. fing wieder an zu weinen. »Ich bin die Treppe hinunter gefallen.« Ah, dachte ich, die deutschen Frauen fallen also auch die Treppe hinunter. Immer, wenn Frauen von ihren Männern geschlagen werden, nehmen sie das als Ausrede. Diese Ausrede war international. Ich beeilte mich mit der Arbeit, ich wollte nicht länger Zeugin von so viel Elend sein.

Nürnberg

1969

Alev

Wir waren alle fix und fertig, als wir in Nürnberg ankamen. Unterwegs hatte ich mich mit meinem Bruder ausgiebig gezankt. Ich war sieben und er neun Jahre alt. Auch unsere Eltern stritten sich. Drei Tage in einem VW, mit vier Personen und ebenso vielen Säcken mit Bohnen, Reis, Kichererbsen und Okraschoten, die unter unseren Füßen gelagert waren.

Als sie uns abholten, hatten wir die Eltern seit einem Jahr nicht mehr gesehen. Die Entfremdung war bei allen deutlich zu spüren. Mutter konnte uns nicht wie früher begrüßen, sie wirkte merkwürdig distanziert. Es war Juni, wir waren in Nürnberg. Die Stadt machte mir Angst, weil um uns herum so viel Grau in Grau war. Vor unserer Wohnung lag ein riesiger Friedhof, das gefiel mir auch nicht. Die Wohnung lag im Parterre. Ein Wohn- und ein Schlafzimmer, dazu eine kleine Küche, der Flur war lang und dunkel. Was mir gefiel, war, dass im Hof viele türkische und griechische Menschen saßen. Die Eltern gingen mit uns in den Hof, eine herzliche Begrüßung von allen folgte. Ich sah, wie ein Junge von etwa fünf Jahren rannte, hinter ihm her eine ganz kleine Frau und hinter der Frau ein ganz kleiner Mann. Beide Erwachsene hatten einen Teller mit Essen in der Hand und rannten hinter dem Jungen her. Meine Mutter meinte, das würde diese Familie immerzu veranstalten. Ich hätte es auch gerne, dass meine Eltern mir mit dem Essen hinterherlaufen würden. Mich packte der Neid, zumal alle lachten und ziemlich glücklich

aussahen. Diese Menschen aus verschiedenen Ländern fand ich sehr sympathisch. Meine Tante fragte, ob ich mit ihr zum Bäcker gehen möchte. »Oh ja.« Wir gingen aus dem Haus, dann nach links. Und schon roch es nach der Bäckerei. Große Bleche mit Kuchen, ein warmer Brotgeruch erfüllte den Raum. Meine Tante kaufte ein Mischbrot, das noch ganz warm war. Einen Teil davon brachen wir ab und aßen das noch warme Brot fast bis zur Hälfte, bis wir zu Hause ankamen. »Was ist Edeka«, fragte ich meine Tante. »Das ist ein Kaufmarkt«, antwortete sie. »Aber da haben sie nicht alles, was wir brauchen. Deswegen habt ihr ja die Lebensmittel aus der Türkei mitgebracht.«
Was mich an diesem Tag glücklich gemacht hat, war das warme Bäckerbrot.

München
1969 Juni

Dilek

Als ich in Sirkeci in den Zug ein-
stieg, hatte ich nur einen Koffer
und nichts zu essen dabei. Ich
Arme! Man hatte mir gesagt, dass
es für uns im Zug Essen geben würde. Es stellte sich jedoch heraus,
dass es für so eine Reise viel zu
wenig war. Etliche Frauen hatten
Speisen eingepackt, und sie luden
mich ein, mit ihnen das zu essen,
was sie hatten. Köstliche Sachen
waren dabei. Ich war in unserem Abteil die einzige junge Frau,
die ein Kopftuch trug. Ich war auch die jüngste, gerade mal
neunzehn Jahre alt. Für mich sahen die anderen Frauen viel
moderner und eleganter aus. In unserem Zugabteil haben wir
uns alle gut verstanden.

Der Zug kam an der Grenze nach Bulgarien. An der Grenze
sollten wir unsere Pässe bereit halten, es würden Kontrollen
stattfinden. Ich stellte mich in den Gang, weil es sehr heiß war,
um die dreißig Grad, an das offene Fenster, mit meinen Unterlagen in der Hand. Plötzlich machten meine Papiere einen
Luftsprung, und weg waren sie. Meine Arbeitserlaubnis war
aus dem Fenster geflogen. Ich bekam Panik. Die Frauen trösteten mich und sagten: »Du darfst jetzt nicht raus. Hauptsache,
du hast noch deinen Pass, der ist wichtiger als die Unterlagen!«
Ich setzte mich erst mal und nahm mein Kopftuch ab. »Komm«,
sagte eine junge Frau zu mir, »wir benachrichtigen den Zugfüh-
ror.« So rannten wir durch den ganzen Zug, auf der Suche nach
dem Mann. Ganz viele Männer drehten sich nach uns um. Die

ersten sechs Wagen waren für die Frauen, die zwölf anderen Wagen mit Männern besetzt. Wir fanden den Zugführer. »Das ist nicht so schlimm«, meinte er. »Da bekommst du halt neue Papiere. Hauptsache, du hast deinen Pass!« Ganz früh am Morgen kamen wir in München an. Dort nahmen wir voneinander Abschied, weil alle in verschiedene Bundesländer zum Arbeiten gehen würden. Mein Mann hatte mir noch in Istanbul gesagt, dass er mich am Münchner Bahnhof abholen würde. Ich wollte in einer Fischfabrik arbeiten und musste mit ihm weiter nach Kiel. Da stand mein Mann mit einem Freund, ich war so froh, ein bekanntes Gesicht zu sehen. Den Freund hatte er mitgebracht, weil er selbst nicht gut Deutsch sprach. Mein Mann war schon seit neun Monaten in Kiel, deswegen wollte ich unbedingt auch dorthin. Unterwegs erinnerte ich mich, wie schlimm das in Istanbul war, als wir untersucht wurden. Zuerst hielten sie mir eine Zeitung hin und sagten, ich solle laut vorlesen. Wer nicht lesen und schreiben konnte, würde nicht in das Arbeitsprogramm kommen. Dann wurden Hör- und Sehvermögen überprüft, schließlich musste ich mich mit fünfundzwanzig anderen Frauen in Hemd und Unterhose in einer Reihe aufstellen. Vor uns standen drei deutsche Ärzte und ein türkischer Dolmetscher. Wir sollten uns bücken, die Arme hoch strecken und so weiter. Sie schauten, wie beweglich wir waren. Auch hier wurden einige Frauen aussortiert. Ich fand das alles furchtbar peinlich. Was würde mich wohl in Kiel erwarten? Aber es gab auch einen netten deutschen Beamten, der ständig nachfragte, ob ich wirklich in der Fischfabrik arbeiten wollte. Ich sagte dem türkischen Dolmetscher, wenn es keine andere Arbeit in Kiel gibt, dann nehme ich die Fischfabrik. »Das ist eine schwere körperliche Arbeit«, wurde mir übersetzt. »Na, warten Sie mal, ich suche nach einer leichteren Arbeit für Sie.« Leider blieb es bei der Fischfabrik. An diesem Tag wurde eine Gruppe von zehn Frauen für die Fischfabrik zusammengestellt.

Mein Mann erzählte, dass sie in Kiel erst mal für drei Monate einen Schweißkurs gemacht hätten, bevor sie an den Schiffen der Howaldwerft arbeiten durften. Es waren viele Männer aus der Türkei, die sich für diese Arbeit gemeldet hatten. Sein Freund gehörte auch dazu. Auf der Zugfahrt erzählten sie mir von ihrer Arbeit und dem Wohnheim. Mein Mann meinte, »ich bringe dich erst mal in Kiel in deinem Wohnheim unter.« Morgen hätte er frei, um mich zur Fischfabrik zu bringen. Da merkte ich, wie Freude in mir aufstieg, denn die ungewohnte Umgebung und Fremdheit dieses Landes machten mir Angst. In Kiel angekommen, fuhren wir mit der Straßenbahn, ich schaute mir alles ganz genau an. Dann betrat ich das Frauenwohnheim. Ein großer Raum mit fünf jungen Frauen. Ich stellte mich ihnen vor. Die Atmosphäre schien angenehm. Mein Mann verabschiedete sich, um mich am nächsten Tag abzuholen. In Istanbul war ich auch nicht sehr glücklich. Immerzu in Wohnungen leben und kaum mit der Natur in Berührung zu kommen, bekümmerte mich sehr. Aber was sollten wir machen. Mein Mann und ich waren seit einem Jahr verheiratet, und der Weg zu ihm führte über Istanbul. Ich vermisste die Natur, die Tiere. Meine Schildkröte, die Frösche im Bach. Vor unseren Augen verschlangen die Schlangen die Frösche. Die Frauen riefen aus der Küche, dass es etwas zu Essen gäbe.

Aschaffenburg
1972

Gülümser

Als wir in München mit dem Flugzeug aus Istanbul ankamen, sollten wir anschließend den Zug nach Aschaffenburg nehmen. Ich freute mich, dass ich nicht alleine war, denn bereits in Istanbul hatte ich eine nette junge Frau kennengelernt, die wie ich nach Aschaffenburg wollte. Wir hatten bei der Voruntersuchung die gleiche deutsche Beamtin, die uns sehr unfreundlich behandelte, so dass wir einander immer mit Blicken suchten. Vor dieser Frau fürchteten wir uns. Sie redete nicht, sondern bellte uns an. Aber nun war das alles Schnee von gestern. Am Bahnhof Aschaffenburg angekommen, sahen wir viele schicke Frauen. Etliche trugen Pelzmäntel. Ich trug Minirock und einen langen Maximantel. Einen Pelzmantel hatte ich nicht, dafür falsche Wimpern und lange Stiefel.

Ich war gerade vierundzwanzig geworden. Die Frau, die ich in Istanbul kennengelernt hatte, war genauso alt wie ich. Sie hatte eine kleine Tochter, die sie bei ihrem Mann und der Schwiegermutter zurückgelassen hatte. Als sie das erzählte, stiegen ihr die Tränen in die Augen. Wir erzählten uns viel und lernten uns besser kennen. Ich freute mich, weil ich mit der jungen Frau in dem selben Betrieb für Steppdecken arbeiten wurde. Auf dem Bahnhof wartete unser deutscher Chef auf uns. Ein sehr sympathischer Mann, der wohl an Kinderlähmung erkrankt war, weil er große Mühe mit dem Laufen hatte. Ich bekam Mitleid mit ihm. Er sprach mit uns auf Deutsch, und wir schauten ihn mit großen Augen an. Jede von uns hatte ihre Unterlagen in der Handtasche. Er zeigte uns den Bus, der bereitstand und uns in die Unterkunft bringen wurde. Das verstanden wir auch ohne Worte. Unser Chef ging vorweg und wir ganz langsam hinterher. Alle Frauen trugen ihre schweren Koffer zum Bus. Dort angekommen, merkte ich, wie angespannt ich die ganze Zeit war. Mein Arbeitsvertrag war auf zwei Jahre ausgestellt. Ah, dachte ich, was sind schon zwei Jahre, was zählt, ist das Hier und Jetzt.

Meine Mutter, mein Mann und meine drei Schwestern, mein Bruder und meine beste Freundin hatten mich zum Flughafen gebracht. Alle gaben mir etwas zu essen für mich mit und viele Geschenke, die immer noch in meinem Koffer lagen. Der Abschied von meiner Mutter und meinen Schwestern, meinem Bruder und der Freundin war mir schwergefallen, und wir weinten bitterlich. Mein Mann wollte einen Tag nach meinem Abflug nach Deutschland nachkommen. Der Schmerz war nicht so groß, weil er ein Touristenvisum bekommen hatte und wir uns bald sehen würden.

Wir kamen nach kurzer Zeit in einem Dorf an. Der Bus hielt und wieder gingen wir hinter unserem Chef her. Die Unterkunft bestand aus winzigen Zimmerchen mit je zwei Doppelstockbetten. Wir Frauen teilten uns nach Sympathie auf und gingen auf unsere Zimmer. Ich schaute mich im Zimmer um und dachte, wie spartanisch es hier aussah. In Istanbul, in unserer schönen Wohnung mit den schönen Teppichen und Gardinen, mit den vielen Pflanzen, das war doch etwas ganz anderes. Ich setzte mich und zog meine langen Stiefel aus.

Hamburg
1972

Aliye

Ich stieg aus dem Mercedes. Es war Ende August und schönes Wetter, als wir ankamen, nach drei Tagen, in denen mein Mann und ich immer wieder längere Pausen machten und in Hotels übernachteten. Seit einem Jahr waren wir verlobt und hatten vor einem Monat geheiratet. Wir hatten viel Zeit unterwegs und konnten uns unterhalten. So kamen wir von Istanbul nach Hamburg-Poppenbüttel. »Die Straßen sind hier so ruhig, kein Mensch ist auf der Straße, wo sind die denn alle«, fragte ich meinen Mann. Er lachte und antwortete, hier sei vieles anders, auch diese geraden Straßen. In Istanbul ging es ständig hoch und runter, da ist nichts gerade. Die Häuser gefielen mir. Die Villen waren im Jugendstil erbaut und weiß gestrichen.

Als wir gerade aus dem Auto ausgestiegen waren, kamen die Hausbesitzerin und ihr Mann auf uns zu, eine kleine pummelige Dame von etwa fünfundvierzig Jahren in einem knallbunten Kleid, das ihr offensichtlich zu eng war, dazu einem schmalen Gürtel um die Taille. Hinter ihr stand ein großer kräftiger Mann mit braunem Teint. Wir stellten uns einander vor. Ich hatte im Istanbuler Goethe-Institut Deutschkurse besucht, so war ich ein bisschen auf die Sprache vorbereitet. Wir brachten unsere Sachen nach oben. Die Dachwohnung war sehr schön, mit tollen Fenstern zum Garten. Nachdem wir uns etwas frisch gemacht hatten, klingelten wir bei unseren Vermietern. Als Gastgeschenk hatten wir ein Messingtablett mitgebracht, das sich die Dame von meinem Mann gewünscht hatte.

Die Wohnung sah gemütlich aus, mit vielen Teppichen und schönen Stehlampen. Es gab Kuchen und Kaffee. Mein Mann bat darum ein Telefonat führen zu dürfen. Meine Eltern und Freundinnen warteten auf den Anruf aus Deutschland. Wir gingen in den Flur, wo das Telefon stand. Er sprach mit der Telefonistin und meldete ein Gespräch nach Istanbul an. Sie würde sich melden, sagte sie. Ich war sehr aufgeregt. Mein Mann hatte ein herzliches Verhältnis zu den Vermietern, das sah ich sofort. Ich bemerkte, wie vertraut sie miteinander waren und wie nett sie miteinander umgingen. Sie erklärten, dass sie Baptisten seien und sich in ihrer Gemeinde zu Hause fühlen. Ich dachte, wenn die meisten Deutschen so sind wie die beiden, dann wird es mir hier gut gehen. Apropos gut gehen, ich war immer noch mitgenommen von dem Abschied von Istanbul. Wie hatte ich geweint. Da standen sie alle, meine Freundinnen und meine Eltern. Und mein Kater Efe. Ich dachte bei mir, die Eltern werden mich ja bald besuchen, aber meine Freundinnen und Kater Efe werde ich für lange Zeit nicht wiedersehen. Mir liefen die Tränen übers Gesicht. Die drei Zuhörer schauten sich stumm an. Frieda, so hieß die Dame, nahm mich in den Arm und tröstete mich.

Willi, ihr Mann, fragte, warum wir den Kater nicht mitgenommen hätten. »Ach, drei Tage im Auto sind doch nichts für einen Kater«, antwortete mein Mann. Ich wischte mir die Tränen vom Gesicht. Mein Mann, der berührt von meinen Tränen war, erzählte mir, als wir gegangen waren: »Weißt du, Frieda und Willi halten jeden Tag Mittagsschlaf!« Ich musste bei der Vorstellung lachen, dass zwei erwachsene Menschen sich tagsüber den Schlafanzug anziehen und ins Bett gehen. »Oh, und dann müssen sie auch nochmal das Bett machen! Das wäre nichts für mich.« Dennoch waren Frieda und Willi mir sehr sympathisch.

Hamburg
1976, erste Ankunft

Leyla

Ich wurde von meiner Mutter und den zwei älteren Cousins mit dem Auto zum Flughafen Ankara gebracht. Meine Mutter war ganz aufgeregt: »Kind, sei bloß brav und hör auf die Erwachsenen. Wirf bitte keinen Müll auf die Straße, in Deutschland wird man sonst verhaftet. Dein Vater holt dich am Flughafen Hamburg ab, hab keine Angst. Geh der Dame zur Hand, sei hilfsbereit.« Wir hatten Hunger und wollten in einem Restaurant am Flughafen essen. Als meine Mutter dann die Rechnung bekam, wurde sie ganz blass im Gesicht. So ein teures Essen hatte sie bis dahin nicht bezahlt. Der Abschied war für meine Mutter so herzzerreißend. Sie weinte große Tränen. Sie tat mir leid. Ich war hin und her gerissen – einerseits freute ich mich auf meinen Vater, andererseits war ich ein richtiges Mutterkind. Ich wurde in die Obhut einer Stewardess gegeben. Die Stewardess zeigte mir alles ganz genau und war dabei sehr nett zu mir.

Mein Vater holte mich am Hamburger Flughafen ab. Er kam mit einem Bekannten. Der war ein großer Mann mit einem markanten Bart, er hatte riesige Pranken. Er lächelte mich an und sagte, dass er und seine Frau sich auf mich freuen würden. Wir stiegen in das Auto, das dem Bekannten meines Vaters gehörte. Das Wetter war warm. Ich wunderte mich über die viele grüne Landschaft. Als ich die Backsteinhäuser erblickte, war ich ein wenig enttäuscht. Ich hatte gedacht, mich würden Wolkenkratzer und andere spektakuläre Bauten erwarten. So hatte ich mir die Moderne nicht vorgestellt. In Hamburg sollte ich ins Krankenhaus zur Untersuchung gebracht werden. In der Türkei gab es für meine Krankheit keine Behandlungsmöglichkeiten. Deswegen sollte ich hier in eine große Klinik, so wurde es mir erzählt. Nach einigen Tests würde ich wieder zurück zu meinen

Geschwistern und meiner Mutter kommen. Bei meinem Vater konnte ich leider nicht bleiben, weil er in einem Männerwohnheim lebte und auf dem Bau arbeiten musste. Deshalb sollte ich auch erst einmal bei dem Bekannten des Vaters unterkommen. Vater erzählte, dass er auf der Suche nach einer Wohnung sei, damit wir alle wieder zusammenkommen. Als ich aus dem Auto stieg, passte ich auf, dass mir nichts aus den Taschen auf die Straße fiel. Ich wollte ja nicht verhaftet werden. Meine Gastgeberin begrüßte mich herzlich, sie gefiel mir. Sie hatte blonde Haare und sah gut aus. Sie war ausgesprochen freundlich und stellte mich den anderen Gästen vor. Nach dem Essen half ich ihr in der Küche beim Aufräumen. Die Küche gefiel mir, es war eine Einbauküche mit vielen Schränken. Bei uns zu Hause gab es lauter Regale mit kleinen Vorhängen davor. Alles war kunterbunt, und solche Schränke hatten wir auch nicht. Als sich mein Vater an diesem Tag von mir verabschiedete, versprach er mir, gleich am nächsten Tag wiederzukommen. Ich bekam ein Gästezimmer ganz für mich alleine. So etwas kannte ich nicht. Ich freute mich auf meinen Vater und auf den Morgen. Endlich hatte ich meinen Vater wieder, denn bevor er nach Hamburg gegangen war, war ich ein richtiges Vaterkind.

Hamburg
1978,
zweite Ankunft

Wie freute ich mich auf meine Schwester! Wir waren getrennt worden, nun brachte je eine Tante ein Kind zum Flughafen. Der Abschied von den geliebten Tanten war nicht so schlimm, da wir uns bald wiedersehen würden. Wir freuten uns auf unsere Eltern und Geschwister, die wir seit einem Jahr nicht mehr gesehen hatten.

Wir trafen uns am Flughafen Ankara. Ich freute mich wie verrückt auf meine Schwester, die wie ich ein Jahr lang in der Nähe von Ankara bei der anderen Tante gelebt hatte. Wir waren einander eng verbunden und liebten uns sehr. Unsere zwei jüngeren Geschwister hatte unsere Mutter bereits vor einem Jahr mit nach Deutschland genommen. Nun sollten wir wieder als Familie zusammen kommen. Die Nacht zuvor hatte ich kaum geschlafen. Meine Cousinen und die Tante, bei der ich gelebt hatte, hatten den Abschied gefeiert, meine Tante mir für die Reise neue schöne Kleider gekauft. Sie hatte sich so für mich gefreut. Ich zeigte meiner zwei Jahre jüngeren Schwester, wie man sich im Flugzeug verhält und wie das mit dem Fliegen funktioniert. Ich hatte ja bereits Erfahrung.

In Hamburg standen Mutter und Vater mit unseren beiden Geschwistern im Flughafengebäude. Ich fand, dass mein Bruder gewachsen war, auch die kleine Schwester sah größer aus. Meine Mutter hatte kein Kopftuch mehr, sie trug ihre Haare kürzer und ein schickes Kleid. Mutter lief auf uns zu, nahm uns beide gleichzeitig in die Arme und drückte uns an ihr Mutterherz. »Meine goldigen Töchter, jetzt habe ich Euch endlich bei mir.« Wir drückten unsere Mutter innig. Endlich wieder zusammen! Wir freuten uns darauf, die Ferien bei den Eltern zu verbringen. Ganze drei Monate, solange dauerten die Schulferien in der Türkei. Es war für alle klar, dass wir wieder zu unseren Tanten zurückkehren und unseren Schulabschluss in der Türkei machen würden. Mutter erzählte, dass unser Vater eine Dreizimmerwohnung in Rothenburgsort bekommen hätte, wir Kinder aber zu viert in einem Zimmer schlafen müssten. Ich prägte mir den Namen Rothenburgsort ein. »Und«, fügte sie an, »ich würde ja auch gerne etwas verdienen, aber ich habe fünf Jahre Arbeitssperre.« »Arbeitssperre hin oder her«, entgegnete unser Vater, »Frau, jetzt hast du alle deine Kinder bei dir. Das ist genug Arbeit.« Wir lachten und schauten uns erwartungsvoll in die Augen.

Hamburg
1965

Fatma

Ich habe sehr jung geheiratet. Ich war fünfzehn Jahre alt und unser Nachbarsohn auch. Wir kannten uns seit unserer Geburt. Wir mochten uns, aber verliebt war ich in den Jungen aus meiner Klasse. Auch der Sohn der Nachbarn hätte mich lieber als eine vertraute Schwester behalten. Die Hochzeit wurde abgehalten, und außer uns waren alle glücklich. Wir zogen in eine winzigen Wohnung im Stadtteil Eminönü. Istanbul gefiel mir sofort. Ich liebte es, immerzu am Meer zu sein. Ach, dachte ich, wäre ich doch ein Vogel und könnte die ganze Welt von oben betrachten. Bei seinen Eltern konnten wir nicht unterkommen, weil dort schon so viele Geschwister und Verwandte wohnten. Uns war es recht so. Nach der Hochzeit arbeiteten wir beide bei einem jüdischen Unternehmer in einer Spinnerei. Dieser Unternehmer war äußerst großzügig und nett zu seinen Mitarbeitern. Auf ihn ließen wir nichts kommen. Er schnauzte uns niemals an, er blieb stets freundlich.

Morgens und Abend fuhren wir zusammen mit der Fähre, erst zur Arbeit, dann nach Hause. Das waren schöne gemeinsame Momente. Oft saßen wir auch im Teegarten, tranken mit vielen Menschen nur Tee und unterhielten uns angeregt. Alle kamen hier. Oft redeten wir über das Leben. »Was braucht der Mensch zum Leben? Ach«, sagte ich, »hier sein und die gutgelaunten jungen Paare und Familien zu sehen, ist doch das allerbeste. Was brauchst du mehr?« Diese Abende behielten wir als die schönsten gemeinsamen Erlebnisse in Erinnerung.

Nach einiger Zeit kam unser Sohn zur Welt. Wir liebten beide unser Kind, nur die Liebe füreinander blieb immer noch aus. Eines Tages setzten wir uns zusammen und sprachen darüber, wie es mit uns weiter gehen soll, denn nach der Geburt unseres Kindes wollten wir nicht mehr miteinander schlafen. So beschlossen wir, wenn unser Kind etwas älter ist, nach Deutschland zu ziehen. Als unser Kind sieben wurde, bekam ich zuerst die Arbeits- und Einreiseerlaubnis nach Deutschland. Mein Mann hatte sich ebenfalls beworben, aber wir wollten ja nicht in die gleiche Stadt ziehen. Unser Sohn sollte später bei mir wohnen. Ich verabschiedete mich mit schwerem Herz von meinem Sohn und freundschaftlich von meinem Mann. Ich wusste, dass unser Sohn es beim Vater gut haben würde, bis ich ihn zu mir nehmen würde. Wir wollten uns nicht scheiden lassen. Was sollten wir denn mit den Eheringen machen wenn wir nicht mehr zusammen leben? »Weißt du«, sagte ich, »viele Eheringe gehen im Meer verloren. Das hörten wir oft von Freunden, die häufig im Meer badeten. Aber wir wollten unsere Eheringe behalten.« »Zumal du als alleinstehende Frau in Deutschland darauf angesprochen würdest. Nach dem Motto, wenn Sie verheiratet sind, wo ist denn dann Ihr Ehering?« »Genau«, entgegnete ich, »du würdest hier auch darauf angesprochen.« Wir lachten. Jetzt hatten wir ein gemeinsames Geheimnis.

Bevor wir angenommen wurden, mussten wir noch eine Leibesuntersuchung über uns ergehen lassen. Wohlweislich wollte die Industrie nur junge und gesunde Arbeitskräfte. Ich kam mit lauter Frauen in der BRD an. Sie alle waren jung und schön. Wir machten uns miteinander bekannt und wussten eigentlich nur, dass wir nicht so lange in Deutschland bleiben wollten. Die Reise hatte drei Tage gedauert, die uns ermöglichte, uns kennenzulernen. Wir sollten als Spinnerinnen arbeiten, ganz viele Frauen wurden nur für diese eine Spinnerei gebraucht. Es war aufregend, und ich hatte eine wahnsinnige Sehnsucht nach meinem Sohn Wir wurden in unsere Unterkunft gebracht. Jeweils zu sechst bekamen wir ein Zimmer mit Doppelstockbetten und eine Gemeinschaftsküche zugewiesen. Wir hatten uns so viel zu erzählen, dass wir darüber ganz das Schlafen vergaßen.

Berlin
1975

Belma

Ich kam 1975 mit meiner Mutter nach Deutschland. Ich war zehn, meinen Vater hatten wir seit einem Jahr nicht mehr gesehen. Ich ging nach kurzer Zeit in eine Integrationsklasse und lernte rasch Deutsch. Wir hatten einen netten türkischen Lehrer und einen engagierten deutschen Klassenlehrer, der immer für uns da war, an uns glaubte und uns nach Kräften förderte. Die Lehrer machten mit uns Ausflüge und gaben uns dann immer ein Getränk und etwas zu essen aus. Sie waren die freundlichsten Lehrer, die ich bis dahin hatte. Unsere Leistungen wurden immer besser, wir machten große Bildungsfortschritte und wetteiferten miteinander. Deswegen wollten wir diese beiden Lehrer, die wir Schülerinnen und Schüler mochten, auf keinen Fall enttäuschen. Bert, unser Klassenlehrer, kam sogar zu uns nach Hause, um meine Eltern kennenzulernen. Er lud sie persönlich zum Elternabend ein. Die Eltern mochten den Lehrer Bert. Die Elternabende wurden in türkischer und deutscher Sprache abgehalten. So wurde mein Vater nach einem Jahr Elternsprecher und war sehr glücklich in seiner Funktion. Ein anderer Mann aus der Türkei, der bei der Post arbeitete, wurde zum zweiten Elternsprecher gewählt. Das war eine Sensation in der Schule. Wochenlang wurde über dieses Ereignis gesprochen.

Meine Mutter war eine großherzige Frau, die vor nichts Angst hatte. Sie war groß und kräftig und hatte die Gabe, durch ihren Humor dem Leben Heiterkeit zu verleihen. Sie wollte unbedingt als Maklerin arbeiten. Sie sagte immer, das kann doch nicht sein, dass die Arbeitsmigranten in so schlechten Wohnungen leben müssen. Am besten, wir kaufen hier eine Eigentumswohnung. Wir werden sowieso nicht zurückkehren und die anderen Familien auch nicht. Das ist eine Illusion. Meine Mutter hatte in der Türkei Architektur studiert, sie kam aus einer großbürgerlichen Familie. Nur mein Vater war ein armer Schlucker, der politisch angefeindet wurde und Angst vor Repressalien hatte. Er war gerade mit dem Ingenieursstudium fertig, als er merkte, dass er unter diesen Bedingungen nicht in der Türkei leben konnte und wollte. Deswegen ging er nach Deutschland. Meine Mutter hatte meinen Vater auf einer politischen Versammlung in der Türkei kennengelernt. Er fand schnell eine Arbeit als Ingenieur in einer großen Elektronikfirma, wo er nur männliche Ingenieurskollegen hatte. Meine Mutter machte sich lustig über die Deutschen, die sich doch so fortschrittlich geben, aber keine einzige Frau unter zwanzig Männern dulden. Die Akkordarbeiter waren fast nur Frauen.

Mein Vater war ein feiner Mann, der diese Frauen mit Freundlichkeit und Kunst erreichen wollte. Meine Eltern gründeten erfolgreich ein Laientheater, bei dem auch ich mitmachte. Zur Aufführung kamen sämtliche Kolleginnen samt ihren Familien, auch die Arbeiterinnen waren begeistert von dem Stück. Sie fanden sich darin wieder, sagten sie später. Es handelte von einer Arbeiterin, die eines Tages aufwacht und einen Dialog mit sich selbst führt.

Meine Mutter ging vormittags zu den Deutschkursen und abends Büros putzen. Sie lernte schnell und hatte viele Freundinnen, die oft zum Essen bei uns waren. Sie machte eine Ausbildung in einer Maklerfirma und arbeitete leidenschaftlich und gewissenhaft. Nach einigen Jahren kauften sie eine schöne Eigentumswohnung mit vier Zimmern. Etliche türkische Familien schüttelten darüber den Kopf. Wieso wollt ihr soviel Geld hier ausgeben? Wir bleiben doch nicht in diesem Land. Die Missachtung seitens der Deutschen geht einem doch durch Mark und Bein. Meine Mutter sagte immer nur: »Werdet ein Teil von Deutschland!«

Nein danke, bei diesen kalten Menschen und diesem kalten Wetter wollten sie nicht bleiben. Die haben keinerlei Respekt vor uns und glauben, dass wir keine Kultur hätten. Die leben in ihrer eigenen Welt. Mein Eltern gaben das Geld, das sie verdienten, in Deutschland aus. Wir wussten, dass viele Familien etliche Koffer auf dem Dachboden hatten, mit den modernsten und schönsten Sachen. Ja, irgendwann würden sie diese Koffer öffnen. Und alles wäre nach dreißig, vierzig Jahren veraltet. Wir dagegen lebten im Hier und Jetzt.

Ich war anders als die anderen in der Klasse. Meine Eltern waren moderne Menschen, die mich förderten und viel mit mir redeten. Meine Lehrerinnen gehörten zu den Achtundsechzigern, sie verachteten unsere Eltern nicht. Sie schauten sich die Umstände an und dachten in größeren Kategorien. Sie dachten zudem daran, wie unser Leben wohl in zehn Jahren aussehen würde, wenn man uns nicht als Menschen sähe.

Wir waren über die Jahre dafür sensibilisiert. Wir horten Nachrichtensendungen in türkischer Sprache, die aus Köln kamen. Jede halbe Stunde gab es Sendungen in verschieden Sprachen. Griechisch, Italienisch, Türkisch, sie waren für uns ein Muss. Meine Mutter las viel und meine Eltern unterhielten sich viel über Politik und das Theater. Meine Mutter wurde später eine erfolgreiche Maklerin. Ich studierte in Marburg Medizin.

München
1971

Emine

Ich kann mich nicht daran erinnern, wie ich nach Deutschland gekommen bin. Null Erinnerung! Ich habe, seit ich hier bin, mit niemandem darüber gesprochen.

Aber mit dir möchte ich über etwas sprechen, was ich wichtiger finde. Über meine Arbeit in einer Frauenfabrik.

Ich lernte von den Frauen 1977 bei der Akkordarbeit viel über das Leben und Solidarität. Ich war gerade fünfundzwanzig geworden, ich sah sehr jung aus, alle dachten, ich wäre erst achtzehn. Ich hatte nicht die kräftigste Statur, dafür einen starken Willen, das fand ich besser als Kraft. Ach, mir kommen die Tränen. Der Rückblick auf die damaligen Zeiten ist schmerzhaft. Was hätten wir nach all diesen Jahren für eine Gesellschaft, hätte die deutsche Regierung Menschen und nicht nur Arbeiter nach Deutschland geholt. Über fünfzig Jahre hieß es, wir sind kein Einwanderungsland. Dazu die Verachtung, dass die Arbeitsmigranten sich nicht anpassen würden. Was war denn mit den Deutschen? Hatten die irgendein Interesse an uns? Wie es ist, Akkord zu arbeiten und halbtot nach Hause zu kommen? Zu den deutschen Nachbarn, die einen blöd anschauten.

Das hätten wir nicht hinbekommen und jenes nicht. Was ist mit den Deutschen, die nach Amerika ausgewandert sind, weil sie keine Perspektive sahen? Wer geht schon einfach so weg? Wir bekommen nicht die gleichen Bedingungen und kriegen dann gesagt, ihr wollt und schafft es nicht. Das ist echt gemein!

Und dann noch die türkische Regierung, ihr wollt doch wieder zurück in eure Heimat. Ihr werdet doch nicht auf die Dauer dort leben? Werdet bloß keine Deutsche. Verdient gut und baut Häuser in der Heimat, damit ihr hier eine Zukunft habt! Warum konnten wir wohl nicht in der Türkei bleiben? Ach, denen waren wir doch völlig egal. Hauptsache, wir bringen Geld in die Türkei. Dass wir immer noch Menschen sind, haben die auch nicht gemerkt. Trotzdem lebe ich hier als Frau sehr gerne. Aber der Verlust an familiäreren Bindungen, Freundschaften. Wir haben teuer dafür bezahlt. Wo schlage ich Wurzeln hier, oder dort?

Wie gehe ich mit diesen enormen Veränderungen um? Eine Frau in der Türkei fragte mich mal, warum ich nach fünfzig Jahren nicht zurück in die Türkei komme. Ich antwortete, ob sie sich vorstellen könne, jetzt auszuwandern? »Warum, ich bin doch schon in meiner Heimat.« »Ja«, sagte ich, »nach fünfzig Jahren ist Deutschland meine Heimat geworden. Ich kann doch meinen Mann, der Deutscher ist, meine Kinder und alle meine Freundinnen nicht einfach verlassen.« Sie überlegte einen Moment, und sagte, »ja, du hast recht, ich habe gerade überlegt, wenn ich alles verlassen müsste.« Und das machte sie ganz traurig.

Ich fragte sie, ob wir denn nicht ein Thema in der Türkei wären. Wir sind Millionen von Menschen, die aus allen Regionen der Türkei kommen. Über uns, die wir arm waren, wird nicht gesprochen, wird nicht geforscht. In der Türkei werden wir abfällig die Deutschen genannt. So viele Menschen sind wie ich am frühen Morgen um vier Uhr aufgestanden, um in die Fabriken zu gehen. Wir haben hart gearbeitet und es zu etwas gebracht. Was Arbeit war, kannten wir nur zu gut.
Nein, sagte sie.

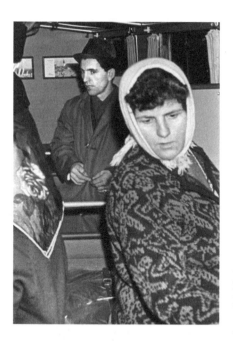

München
1969

Mehtap

Die Frauen, die eben noch geweint hatten, konnten ab Edirne an der bulgarischen Grenze schon wieder lachen. Der Abschied von den Ehemännern und Vätern, von den Müttern war herzzerreißend gewesen. Der ganze Zug war voller junger Frauen! Jede erzählte eine andere Geschichte. Mit der Schönsten von ihnen hatte ich mich angefreundet. Eine Frau mit langen Haaren, die ihr bis auf den Rücken fielen. Sie war vierundzwanzig und zeigte mir ein Foto mit ihren vier Kindern. Ich war ebenfalls vierundzwanzig, aber ich hatte nur zwei Kinder und war geschieden. Meine Schwiegermutter sorgte gut für meine Kinder. Wir hatten ausgemacht, dass ich das Geld verdiene und sie meine Kinder versorgt. Mein Mann war nicht der Mann, der arbeiten ging. Er war durch und durch Musiker. Ich hatte eine wunderbare Zeit mit ihm. Seitdem war für mich Musik etwas ganz Besonderes. Ich war fünfzehn, als er mich überall mit hin nahm. Durch ihn lernte ich das Istanbuler Nachtleben kennen. Seine Mutter und ich mochten uns vom ersten Tag an. Fünf Jahre lang genoss ich das interessante Musikerdasein.

Als die Kinder kamen, veränderte sich unser Leben. Dann folgte die Scheidung und die Idee, nach Deutschland zu gehen. Im Zug nach Deutschland machten wir über die Frauen lustig, die bei der Voruntersuchung in Istanbul einen zu vollen Urinbecher abgegeben hatten. Der Urin war ihnen über die Hände gelaufen. Keiner hatte uns gesagt, dass wir nur ein bisschen Urin abgeben sollten. Alle stimmten in das Gelächter ein. In München angekommen, begrüßte uns ein Dolmetscher und nahm uns die Pässe ab. Komisch, dachte ich, warum werden wir wohl jetzt verhaftet? Doch der Dolmetscher war ein feiner Mann.

Wir sollten zu dritt auf einem Zimmer wohnen. Ich wollte unbedingt mit Şeriban, der Frau mit den langen Haaren, zusammenkommen. Deshalb stellten wir uns ganz eng zueinander.

Im Zimmer standen ein Doppelstockbett und ein Einzelbett. Alles war sehr sauber. Hans, der Hausmeister, zeigte uns die Küche. Der Dolmetscher übersetzte, dass es bei Siemens Deutschkurse geben würde und wir daran teilnehmen sollten. Die Arbeit würde im Dreischichtsystem organisiert, wir sollten deshalb im Wohnheim aufeinander Rücksicht nehmen. Statt Schweinefleisch würde es in der Kantine für uns Huhn geben. Plötzlich hupte es auf der Straße. Wir rannten ans Fenster. Draußen saßen zwei Männer in einem Ford Capri und winkten uns zu. Wir lachten und winkten zurück. Auch Hans, der dicke Hausmeister, lachte. Ich fühlte mich wohl und freute mich, hier zu sein. Den Segen meiner Schwiegermutter hatte ich ja bereits.

Berlin
1961

Melek

Ich hatte eine unglückliche Liebe hinter mir, als ich nach Deutschland kam. Er hatte sich für eine andere Frau entschieden und war mit ihr ausgewandert. Ich sagte darauf zu meinem Vater, dass ich mich erkundigt hätte und für drei Jahre nach Deutschland zum Arbeiten gehen würde. Viele gingen damals ins Ausland, um zu arbeiten. Viele nach Deutschland. Die Jahre würden schnell vergehen und ich wieder zurückkommen. Da mein Vater krank war und nicht mehr arbeiten konnte, ich in dieser Zeit keine Arbeit hatte und die Medikamente in der Türkei ein Heidengeld kosteten, waren er und meine Mutter einverstanden. Ich war die älteste Tochter, wir waren fünf Töchter, die Jüngste erst zehn Jahre alt. Meine Mutter konnte gar nicht mehr aufhören zu weinen. Ich weinte auch, aber um sie und um meine verlorene Liebe.

Zuerst wurden wir Frauen körperlich untersucht. Das ging fast eine Woche lang. Ich fuhr drei Tage mit der Bahn, in der Bahn waren viele hübsche junge Frauen. Alle redeten miteinander und waren so aufgedreht und lustig, dass es mir wohl ums Herz wurde. In Deutschland angekommen, wurden wir mit den Bussen abgeholt und in unsere Wohngemeinschaften gebracht. Dort sah alles so nüchtern und praktisch aus, das einzige, was blühte, waren die Bäume und die jungen Frauen. Ich stellte den Koffer vor mein Bett, holte die Fotografien von meinen Eltern und Schwestern heraus und stellten sie an mein Bett. Das Foto meiner kleinen Schwester trug ich immer in meinem Portemonnaie bei mir. Viele Frauen machten das gleiche und fingen an, von ihren Familien zu erzählen, plötzlich kamen sie aus den vielen Nachbarzimmern, um die Geschichten der anderen Frauen zu hören. Wir aßen zusammen und fielen dann wie Steine ins Bett. Nach drei Tagen fingen wir in der Fabrik an.

Die Vorarbeiterin begrüßte mich freundlich und holte eine Kollegin zum Übersetzen. Sie und die Vorarbeiterin zeigten mir die Arbeitsabläufe. Ich war schon am ersten Tag völlig alle. Ich arbeitete in einer Schokoladenfabrik. Eine Fabrikhalle war überhitzt, die andere eiskalt. Na ja, die Schokolade wurde erst heiß bearbeitet, dann musste sie gleich von uns auf Palettenwagen in den Kühlraum gefahren werden. Diese Arbeit habe ich gehasst. Ich war ständig kraftlos und erschöpft. Die Temperaturunterschiede machen dich fix und fertig. Der Körper kann gar nicht so schnell umschalten und ist immer im Stress. Wir Frauen halfen uns gegenseitig aus, wenn eine nicht mehr konnte. Die Solidarität war groß, auch über die Arbeit hinaus. Wenn eine Frau heimlich, ohne dass ihr Mann davon wusste, eine Abtreibung vornehmen ließ, versuchten wir, so weit wie möglich ihre Arbeit unter uns aufzuteilen. Die Frauen wollten meist nicht mehr als zwei Kinder. Die Arbeit im Betrieb, dazu die Hausarbeit und Ehemänner, die keine Abtreibung duldeten. Es herrschte eine große Zuneigung zwischen uns. Ich habe mich bei der Arbeit eher mit den Jugoslawen gut verstanden. Was man so verstanden nennen darf, mit Händen und Füßen haben wir uns verständigt. Sie sagten immer, Tito, ihr Präsident, sei ein guter Mensch. Später, als wir nach drei Jahren viel besser Deutsch konnten, verstanden wir auch, dass Tito sogar den russischen Präsidenten ausgetrickst hätte. Tito sei klug, hieß es dann, der ehemalige Partisan Tito hätte den Russen gesagt, ist alles gut, wie ihr Politik macht, aber meine Leute sollen die Freiheit haben, auch reisen und in anderen Ländern arbeiten zu dürfen. Dafür waren sie ihm sehr dankbar. Die Serbin genauso wie die Bosnierin. Es herrschte ein sehr gutes Klima unter den Kolleginnen.

Meine Vorarbeiterin in der Schokoladenfabrik war eine nette Frau. Irgendwann erfuhren wir, dass sie als junges Mädchen von mehreren russischen Soldaten vergewaltigt worden war. Sie war so positiv und hatte die Ruhe weg. Ich wäre, glaube ich, nach so einer Erfahrung für immer auf die Welt böse gewesen. Ihre Haltung zum Leben war etwas ganz Besonderes. Vor ihr hatte ich keine Angst, im Gegenteil, sie war verständnisvoll und sehr sanft. Aber diese Arbeit konnte ich nicht weiter machen, so wechselte ich die Stadt und fand dort eine neue Arbeit. Das meiste Geld, was ich verdiente, schickte ich zu meinen Eltern und Schwestern.

Schließlich fand ich eine Wohnung in einem anderen Stadtteil und eine neue Arbeit als Näherin von Seenotrettungswesten. Ich wohnte am Hafen, nicht weit von meiner Arbeit, hatte nur sieben Kolleginnen und einen netten, menschlichen Chef, der morgens immer erst einmal mit uns Kaffee trank und uns in

Ruhe arbeiten ließ. Zum Arbeitsende kam er noch einmal und verabschiedete uns mit einem Händedruck. Meine Kolleginnen mochten mich und ich war froh, einen neuen Heimathafen gefunden zu haben. Morgens sah der Himmel immer sehr mysteriös, wie eine Filmkulisse aus. Abends ging ich manchmal mit den Kolleginnen ein Bier trinken.

Ich mochte kein Bier, weil der Geruch mir nicht behagte. Aber ein Glas Weißwein trank ich schon. Wir verstanden uns und hatten viel Spaß miteinander. Besonders meine Kollegin Hilde mochte ich. Sie war eine richtige Dame, immer gut angezogen und sehr freundlich zu allen, auch zu mir. Nach der Arbeit holte ihr Mann sie immer mit dem Auto ab. Mich nahm Hans gleich mit. Ich war oft zu Gast bei Hilde und Hans. Dann gab es Kartoffelsalat und Würstchen. Da ich kein Schweinefleisch aß, bekam ich ein Spiegelei. Im Haus der beiden stand eine Modelleisenbahn. Ich weiß noch, wie ich ganz ungläubig an der Kellertür stand und dachte, das gibt's doch nicht. Eine ganze Stadt in Miniatur. Mit allem Drum und Dran, Züge, Menschen, Bäume. Und das Schönste war, alles war hell beleuchtet, die Züge fuhren, es sah aus wie eine echte, funktionierende Stadt.

Hilde und Hans hatten keine Kinder. Ich lud sie manchmal zu mir ein, schämte mich aber ein wenig, weil ich nicht mit so schönen Sachen aufwarten konnte. Vieles hatte ich mir vom Sperrmüll geholt. Aber da gab es gar nichts zu meckern, denn was dort weggeschmissen wurde, war nicht normal. Schöne Spiegel, Lampen... die Sperrmülltage waren wie ein Volksfest. Ich gönnte es meinen Nachbarn, wenn ich sah, dass sie etwa eine schöne Vase unterm Arm ergattert hatten. Aber im Stilen dachte ich, ach, diese Vase würde auch gut zu meiner Wohnung passen. Sie war bauchig, mit zarten lila Blumen bemalt und wie für mich gemacht.

Einmal fuhren wir dritt an die Ostsee, dort befand sich das Segelschiff, das Hans und Hilde schon seit vielen Jahren besaßen. Hilde war eine gute Seglerin. Ich hatte eher Angst, weil mir alles zu aufregend und abenteuerlich vorkam. Sie waren ein eingespieltes Team, das sich auch ohne Worte verstand.

Schade, dachte ich, sie sind noch so jung, warum haben sie keine Kinder? Hilde erzählte mir einmal, dass sie schon vieles versucht hätten. Irgendwann hatten sie sich damit abgefunden, keine Kinder bekommen zu können. Ich hatte ja selbst keine Kinder. Manchmal traf ich mich mit einer türkischen Freundin, die ihre beiden Kinder bei ihrer Schwester gelassen hatte. Das brachte sie oft zum Weinen. Um uns abzulenken, luden wir Bekannte zu mir oder zu ihr ein und veranstalteten eine Salzstangenparty mit Musik und Tanz. Manche tanzten zu dritt, manche zu zweit, es war immer eine Menge los. Alles traf sich schließlich in der Küche, das war der Ort, wo es am engsten war und am lebendigsten zuging. Jeder brachte etwas zum Buffet mit. Hilde und Hans waren jedesmal dabei.

Eines Tages hatten wir unsere älteste deutsche Kollegin mit Blumen, Pralinen und einem schönen Frühstück in die Rente verabschiedet. Der Chef hielt eine gute Rede. Diese Kollegin hatte vierzig Jahre in dieser Firma gearbeitet. Für ihren feierlichen Abschied hatten wir sogar einige Spiele und Überraschungen vorbereitet. Doch am nächsten Morgen kehrte sie wieder an ihren angestammten Platz zurück. Jeden Tag taten wir so, als wäre sie immer noch unsere Arbeitskollegin. Keiner sagte etwas, wir lächelten und schauten uns alle etwas verwundert an. Sie zog ihren Arbeitskittel an und fing an zu arbeiten. Das ging drei Wochen lang so. Danach kam sie nicht wieder. Hilde erzählte mir, dass diese Kollegin ganz alleine leben würde und keinen Menschen hätte, mit dem sie reden konnte. Ich entgegnete, dass sie mir leid tue. Ich wollte in dem Moment nicht nach ihren Kindern fragen und beließ es dabei. Als die ältere Kollegin nicht mehr wiederkam, dachte ich mir, stirbt sie jetzt wohl vor Einsamkeit? Sie hatte immer gesagt, dass ihr der Hafen gefiele und Menschen und Rettungswesten ja eigentlich jeder Mensch mal braucht. Für sie und für uns war das eine sinnvolle und wichtige Arbeit. Sogar begrüßte unser Chef sie in diesen drei Wochen so, als wäre alles noch beim Alten. So etwas erlebt man nicht allzu oft, dachte ich bei mir. Was wird sein, wenn ich mal in Rente gehe, würde ich dann auch noch auf meine Arbeitsstelle gehen wollen? Manchmal, wenn ich eine Schokolade aß, dachte ich dabei an die schwere Arbeit der Schokoladenarbeiterinnen.

Eines Tages war ich wieder bei Hilde und Hans eingeladen. Sie wollte mir ihre Freundinnen vorstellen. Als ich durch die Tür trat, herrschte offensichtlich dicke Luft. Alle saßen verdruckst und unglücklich da. Eigentlich sollten drei Freundinnen kommen, dort aber saß nur eine von Hilde Freundinnen, mit einem roten Kopf. Hilde war noch ganz aufgewühlt. Dann stellte sie mich vor und tischte Kaffee und selbstgebackenen Kuchen auf. Hans holte aus der Küche eine Vase für die Blumen, die ich mitgebracht hatte. Hilde meinte, dass sie eben ihre zwei Freundinnen rausschmissen hätte. »Was war denn los«, fragte ich. »Ach, weißt du, als du noch nicht da warst, hatten diese Frauen Hilde und dich schwer beleidigt«, warf Hans ein. Hildes Freundin lächelte mich von der Seite an. »Es war so, als Hilde sagte, dass du kommst, wollten sie wissen, aus welchem Land du kommen würdest. Aus der Türkei, antwortete Hilde. Daraufhin sagten diese zwei Frauen, Was?! Türkinnen hat man doch nicht zur Freundin sondern höchstes als Putzfrau. Daraufhin stand Hilde auf und sagte nur laut: RAUS! Aber sofort!« Das Ganze war gerade eben, bevor ich kam, passiert. Ich schaute Hilde an und war so unendlich dankbar über diese wunderbare Freundin.

Hamburg
2021

Epilog

Es gibt so viele Erfolgsgeschichten von jungen Frauen, die in Deutschland geboren wurden und keine Anstrengung gescheut haben, einen guten Beruf zu ergreifen. Diese jungen Frauen sitzen nicht mehr nur auf einem Stuhl, sondern können zwischen den Stühlen wählen, die zu ihnen passen.

Die Einbahnstraße in die Armut, in die Ehe, in das althergebrachte kulturelle Milieu – die gibt es nicht mehr. Sie haben gekämpft und sind heute Anwältinnen, Psychologinnen, Ärztinnen, Lehrerinnen, auch wenn ihre Gruppe noch nicht all zu groß ist. Sie sitzen mittlerweile auf den gutgepolsterten Stühlen, und doch mussten und müssen sie in ihrer Laufbahn immer wieder Frustrationen, enttäuschte Hoffnungen, Kränkungen und Rassismus aushalten.

Und wenn ein Kollege in der Kanzlei wieder mal von den Straftaten eines »Südländers« spricht, berührt das die junge Frau schmerzhaft. Denn die Kränkung, die die vorangegangenen Generationen erfahren haben, sitzt als Miterfahrung auf einem kleinen Stuhl neben ihr. Sie muss sich fassen, für einen Augenblick vergewissern: Was passiert gerade mit mir? Meint er mich? Macht er meine Großeltern und Eltern schlecht? Den Schmerz der Großeltern und Eltern kennt sie nur zu gut. Ihre Sehsüchte, ihre Verlorenheit, die Mühsal, aber auch ihre Kraft und ihren Mut.

Diese jungen Frauen haben ihre Erfahrungen in der Schule, in einer Kindheit zwischen den Kulturen gemacht. Ihre emotionale Verbundenheit mit der Elterngeneration macht sie kämpferisch. Was redet der da für ein Blödsinn? So pauschal und abwertend über Menschen zu sprechen, über Sprachen, kulturelle Prägungen. Diese starken Frauen halten dann dagegen: Ich möchte nicht, dass du so sprichst. Die Betroffenheit der anderen Seite ist dann in vielen Fällen echt. Diese Frauen kennen beide Kulturen und sind vertraut mit den Fallstricken, die in beiden sich verbergen. Sie reflektieren besser ihr eigenes Handeln als die, die sich nur einer Kultur zugehörig fühlen. Und vor allem möchten sie keine Opfer oder Bittsteller sein. Die Frauen und Männer der jungen Generation möchte gleichberechtigt behandelt werden, als ganzer Mensch gesehen werden. Sie wollen nicht in Schubladen gesteckt werden.

In einer Erzählung von Kafka fiel mir ein Satz auf: »Je länger man vor der Tür zögert, desto fremder wird man. Wie wäre es, wenn jetzt jemand die Tür öffnete...«

Wer zu lange vor der verschlossenen Tür steht, wird fremd bleiben. Die jungen Frauen öffnen die Türen und, das ist das Schöne, sie treten ein. Sie behaupten sich und verschaffen sich Respekt. Sie haben eine Sprache und wissen sie zu nutzen. Doch mit einem Auge sind sie immer bei ihren Eltern. Ihr Schutzreflex wird aktiviert. Sie hören wieder und wieder die Erzählungen von früher von ihren Eltern, die in Deutschland alt geworden sind.

Und nein, natürlich ist sie nicht gemeint. Aber der gutgepolsterte Stuhl hat doch ein wenig gewackelt. Warum? Weil sie sich in einem Loyalitätsverhältnis zu ihren Familien befinden, zu ihren Müttern (alleinstehende Mütter waren nicht selten). Sie wollen nicht, dass ihre Familien schief angesehen werden. Sie haben ausgiebig geübt, auf der Loyalitätswippe sicher zu stehen, mit ihren mehrfachen Identitäten. Ihr Blick geht immer wieder zurück zur Familie. Und dann wieder nach vorn, auf ihre Zukunft gerichtet, ihr Leben.

Meine Tochter ist heute so eine junge Frau. Als Teenager meinte sie einmal: »Mama, ich bin auch eine Migrantin.«
»Ach was«, entgegnete ich, »das kann nicht sein.«
»Doch«, sagte sie, »wenn ein Elternteil migriert ist, sind die Nachkommen ebenfalls Migranten.«

»Aber dein Großvater hat vierzig Jahre in Deutschland gelebt, ich, deine Mutter, lebe seit über fünfzig Jahren hier. Dein Vater ist auch kein Migrant…Oder doch, schließlich kam er als Fünfjähriger aus Mecklenburg-Vorpommern nach Hamburg. Hahaha! Wie kannst du eine Migrantin sein?«
Es heißt wohl, man ist erst nach mehreren Generationen nicht mehr Migrant. Also dauert es noch ein Weilchen? Vielleicht. In der Zwischenzeit tun wir so, als wüssten wir nichts davon.

Nach diesem Gespräch begriff ich erst, dass unsere Kinder ja mit uns zusammen sozialisiert und ganz früh von unserem Denken und Verhalten geprägt werden. Meine Tochter fragte mich irgendwann: »Mama, bist du Alevitin?«
»Ja, aber ich praktiziere die Religion nicht«, antwortete ich.
»Ich wusste gar nicht, dass du Alevitin bist.«
Später studierte sie Ethnologie. Sie schrieb ihre Bachelorarbeit über die Aleviten und erklärte mir: »Jetzt verstehe ich dich viel besser.«
»Warum?«, fragte ich.
»Na, im Alevitentum gibt es doch die *takiye*, seinen Glauben geheim zu halten, um nicht von der Mehrheitsgesellschaft wegen der religiösen Zugehörigkeit bedroht und verfolgt zu werden. Wir tragen nicht alles nach außen und schützen uns so bewusst wie unbewusst vor Ärger.«

»Wo kommen Sie her?«, werden der Taxifahrer, die Verkäuferin, die Zahnärztin gefragt. »Aber nein, die Frage ist gar nicht böse gemeint. Das zeigt doch nur, dass man an Ihnen interessiert ist«, wird da mancher einwenden. Weiß er, ob der Betreffende nicht vielleicht heute schon dreimal gefragt worden ist: »Wo kommen Sie her?«

Wenn meine Tochter von ihren neuen Freundinnen erzählt, erwische ich mich selbst dabei: Wo kommen die Freundinnen her? »Mama, das interessiert doch nicht«, sagt sie dann. Dann muss ich auch nochmal darüber nachdenken. Für viele junge Menschen spielt die Herkunft keine große Rolle mehr. Jemand ist nett und freundlich, alles andere ist unwichtig!

Die Frage nach der Herkunft ist nervig, andererseits bedeutet sie auch eine Annäherung an die jeweilige Kultur, was immerhin besser ist als ein völliges Desinteresse. In der Türkei, von Türkinnen und Türken werden dem Gegenüber die selben Fragen gestellt: »Kommen Sie von der Schwarzmeerküste? Sind Sie Zaza, Laze, Tscherkesse?« Was nimmt man mit von seiner Herkunft, was nicht aufgegeben werden soll? Die Sprache, die Erinnerungen? Die eigenen, die der Eltern und Großeltern?

Ich werde oft gefragt: »Woher kommen Sie?«
Dann antworte ich: »Aus Istanbul.«
Und wenn es heißt, »Nein, nein, woher kommt Ihr Vater?«, dann sage ich: »Aus Dersim. Eigentlich bin ich aber eine Berlinerin! Und Weltbürgerin.«

Sevim Çelik-Lorenzen

wurde 1961 in Istanbul geboren und lebt
nach Stationen in Berlin und Barcelona
in Hamburg. Sie arbeitet als Malerin,
Familientherapeutin und Systemische
Supervisions-und Institutionsberaterin.

Dağyeli Verlag
lyrik & prosa zwischen
mittelmeer & tienshan
www.dagyeli.com